국가계약이란 무엇인가

- 선배가 알려주는 알기 쉬운 계약업무 -

정해화 지음

光文閣
www.kwangmoonkag.co.kr

※ 본문에 앞서, 이 책에 포함된 내용은 국가계약법 및 유권해석을 참고한 저자의 개인적인 견해이며 국방부와 육군의 공식적인 의견과 일치하지 않을 수 있음을 밝힙니다.

※ 인세의 일부는 '육군 위국헌신 전우사랑 기금'에 기부됩니다.

프롤로그

이 책을 만들기 위해 여러 번의 탈고와 고민을 하였습니다.

시작은 단순히 실무자들을 교육하기 위해, 그들이 훗날 참모 없이 계약업무를 해야 할 때 도움이 되고자 작성하였습니다. 하지만 책이 완성되고 불현듯 내가 이 책을 왜 만들었는지 다시 생각해 보았습니다.

나조차 이 책의 목적이 궁금했습니다.

"나는 왜 이 책을 쓰는 것인가?"

유시민 작가는 『표현의 기술』에서 『동물농장』으로 유명한 조지 오웰의 말을 빌려 사람들이 책을 쓰는 이유를 설명했습니다. '자기 자신을 돋보이게 하려는 욕망', '미학적 열정', '역사에 무엇인가 남기려는 충동', '정치적인 목적' 그리고 '돈벌이'….

이 다섯 가지 중 나한테 해당되는 것이 있는지 고민해 보았으나, 어떤 것 하나 정확히 나의 글쓰기 목적을 대변할 수 없었습니다.

이 책은 나를 돋보이게 하지는 못합니다. 습자지처럼 얇은 나의 지식은 돋보이기는커녕 치부를 드러낼까 두려울 뿐입니다. 아름다

움과 거리가 먼 나의 표현력은 미학적 열정과는 무관하며, 이 책이 역사에 의미 있는 기록이 될 것 같지는 않습니다. 마찬가지로 정치적인 목적과 돈벌이는 설명할 필요도 없이 나와는 무관합니다.

사단 참모를 시작하는 날, 계약업무 경험이 부족하다는 실무자 말에 이 책을 쓰기로 마음먹었습니다. 오늘 당장 계약업무를 해야 하기에 무엇보다도 계약에 대한 막연한 두려움을 없애주고 싶었습니다.

두려움은 경직된 사고를 유발해 간혹 어이없는 실수를 저지릅니다. 특히 금전과 관련된 업무를 하는 재정병과 인원들에게는 그 실수는 단순히 바로잡고 앞으로 잘하면 되는 차원이 아닙니다. 나의 실수가 타인의 금전적 손해이기 때문이지요. 법령을 제대로 이해하지 않은 계약은 안 하니만 못한 결과를 낳을 수 있습니다. 그렇기 때문에 재정병과로 살아가는 많은 인원은 계약이라는 등짐을 전역하는 그날까지 지고 가야 합니다.

그리고 책을 쓰면서 느낀 점은 시중의 계약 관련 서적이 계약을 처음 접하는 사람에게는 너무 어렵다는 것이었습니다. 20대 중반 단 한 번도 사회생활을 해보지 않은 우리 후배들에게 그 책을 읽고 제대로 이해하라는 것은 너무나 가혹하다는 생각까지 들었습니다.

많은 군인이 그렇듯 나 또한 지난 15년간 그리고 앞으로도 군과 임무를 위해 살아왔고 살아갈 것입니다. 개인적인 삶은 항상 뒷전이었습니다. 그런 면에서 못난 남편을 위해 고생하고 있는 아내에게 미안합니다. 군인과 가족의 숙명과도 같은 것이지요. 어쩔 수 없습니다.

나도 모르는 내면 속 어떤 이유를 재정참모로서 모신 첫 사단장님께서 알려주셨습니다.

'Dilige et fac quod vis'
라틴어로 '사랑하라, 그리고 네가 하고 싶은 것을 하라'라고 합니다.

내가 하고 싶은 것, 지금하지 않으면 후회하게 될 일이 바로 이 책을 쓰는 것이었습니다. 이 책은 '나의 자아실현을 위해 할 수 있는 것은 무엇인가?'라는 질문에 해답입니다. 물론 이 책이 나의 자아를 실현할 수는 없을 것입니다. 다만 새롭게 군 생활을 시작하는 후배들에게 약간의 도움이나마 되었으면 합니다. 더불어 내가 알고 있는 얕은 지식이 그들에게 도움이 된다면, 다른 글도 쓰고 싶다는 바람이 있습니다. 그 바람을 위해 내일도 펜을 들 것입니다.

2005년 3월 후보생으로 입교했을 때 시작한 나의 '수양록'은 아직까지 진행 중입니다. 이 책은 군 생활 동안 이어온 내 수양록의 기록인 것입니다. 초급 재정 장교로서 느꼈던 계약업무의 중요성과 재정병과의 소중함이 포함되었습니다. 예시로 담은 내용은 대부분 나의 경험이나, 이 책의 궁극적 목적인 계약에 대해 쉽게 알려주고자 하는 점을 감안해 일부 허구가 포함되어 있습니다.

글을 쓰기로 마음을 먹으면서 덕분에 평소보다 많은 책을 읽게 되었습니다. 김훈 작가님의 글을 통해 은유적이면서 직설적인 표현을 알게 되었고, 『경찰 속으로』의 저자 원도 님의 글을 통해 솔직한 감정을 표현할 수 있었습니다. 정원 변호사님께서 집필하시고 법률문화원에서 출판한 『공공조달계약법』은 지금까지도 늘 옆에 두고 참고하는 책입니다. 기회가 된다면 만나 뵙고 감사의 말을 전하고 싶으나, 우선 지면으로 대신합니다.

마지막으로 저에게 장교로서의 삶을 허락해 준 조국과 육군에 감사드립니다. 그리고 부족한 참모를 도와 부대를 위해 그리고 재정병과의 발전을 위해 노력해 준 11사단 전우들에게 감사합니다. 그들은 후배임에도 불구하고 나에게서는 찾지 못한 우리 군의 미래를 보았습니다.

그들의 발걸음 하나하나에 응원을 보냅니다.

나의 친애하는 후배에게

차례

프롤로그

제1장 계약 체결 ································· 11

제2장 대가 지급 및 사후관리 ·············· 151

제3장 추가 자료

제1장

계약 체결

국가계약이란 무엇인가
(국가계약의 법률 체계)

아침에 출근을 위해 버스를 탔고, 잠이 깨지 않아 지하철을 갈아타며 노점상에서 커피 한 잔 샀어. 친구와의 저녁 약속에 늦지 않기 위해 택시를 탔고, 토라진 친구를 위해 맛있는 식사를 대접했어. 잠이 오지 않는 저녁 넷플릭스에서 영화를 보다 잠을 청하기 위해 전등을 껐어.

난 오늘 몇 번의 계약을 했을까?

살아가면서 우리는 자신도 모르게 수없이 많은 계약을 하고 있어. 다만 그 계약이 너무나 일상적인 것들이라서 계약이라고 인식하지 못할 뿐이지.

계약을 처음 접하는 사람은 드라마의 속 장면처럼 멋지게 정장을 차려입고 고급 호텔 커피숍에 앉아 두꺼운 서류에 도장을 찍어야만 할 것 같은 생각이 들어. 하지만 수백억 원짜리 전투기를 구매하는 것과 마찬가지로 출근길에 버스를 타는 것도 버스회사와의 계약이고, 노점상의 커피도 아주머니와의 계약이야. 그리고 친구와의 약속도 신의를 저버리지 않겠다는 계약이라고 할 수 있지.

이처럼 계약은 상호 간의 신의를 바탕으로 약속을 하는 것이라 간단히 정의할 수 있는데, 국가계약이 뭐냐고 물어본다면 어떻게 답해야 할까?

국가라는 용어가 들어가서 그런지 엄청 대단하고 거창해 보이는 게 사실이야. 차이가 있다면 커피를 사고 친구와 약속을 하는 것은 사인(私人) 간의 계약이지만, 국가계약은 계약 당사자 중 한 명이 국가라는데 차이가 있어.

너무나도 당연한 소리지만 왜 이게 중요한지 지금부터 설명해 보려 해. 국가를 당사자로 하는 계약에 관한 법률(이하 국가계약법) 제5조에는 "계약은 상호 대등한 입장에서 당사자의 합의에 따라 체결되어야 한다"라고 되어 있는데 이 말은 결국 국가계약은 국가가 경제 주체로서 행하는 사법상의 법률 행위라고 할 수 있어.

"사법상의 법률 행위"라… 어려운 말이지?
간단히 말하자면, 국가계약을 할 때 국가는 개인과 동등한 입장에서 행하는 법률 행위일 뿐, 국가 공권력을 동원하거나 개인보다 우월한 위치에서 행하여지는 게 아니라는 뜻이야.

그래서 계약업체는 계약에 문제가 생길 경우 국가 공권력을 상대로 하는 행정소송이 아니라, 국가를 대상으로 민사소송을 제기해. 즉 국가계약을 할 때만큼은 국가 또한 개인과 동등하다고 보는 거지.

개인적으로 국가계약에 있어 가장 중요한 점은 무엇을 위해 '계약'을 하냐는 거야.

우리나라는 연간 500조 원이 넘는 예산을 사용하는데, 이 중 10% 내외가 국방비로 쓰여. 이 돈은 너도 알다시피 국민들의 피와 땀으로 만들어진 세금이야. 우리 할머니가 온종일 땡볕에 앉아 허리가 꼬부라지도록 농사지어서 마련하신 돈, 어머니가 시장에서 생선 비린내 냄새 맡아가며 번 돈, 자식들 생각하며 아버지가 공사판에서 열심히 벽돌 날라 모으신 눈물겨운 돈이야.

그래서 앞서 '프롤로그'에서도 밝혔듯이 계약 담당자의 실수는 단순이 바로잡고 앞으로 잘하면 되는 수준이 아니야. 계약을 통해 집행되는 돈은 적은 금액이 아니기 때문에 담당자의 작은 실수가 개인의 인생이나 기업의 사활을 좌지우지하는 경우도 있어.

국가계약은 '국민이 모은 돈'을 '국민을 위해 사용하는 것'이라 생각하면 될 것 같아.

국가계약법에서는 '세입의 원인이 되는 계약'도 다루긴 하지만 우리가 하는 대부분의 계약은 '세출의 원인이 되는 계약'이야. '세금을 지출하기 위해 하는 행위'라고 생각할 수 있는데, 조금 더 전문적인 용어를 쓰자면 지출원인행위(支出原因行爲)라고 불러. 국가에서는 이 지출원인행위 없이는 어떠한 돈도 집행될 수 없어.

지출원인행위가 이렇게 중요하다면 당연히 아무나 할 수 없겠지?

그래서 국방부에서는 지출원인행위를 할 수 있는 사람, 즉 계약을 할 수 있는 사람을 별도로 지정하고 있어. 「회계관계공무원 직위 지정 및 임면권 위임과 재정보증 운영에 관한 훈령」에 자세히 나와 있는데 여러 회계직 중 재무관과 계약관만이 계약 행위를 할 수 있어.

이 법에서는 재무관과 계약관을 구분하고 있지만 실제 야전부대의 재무관은 지출원인행위의 권한이 있기 때문에 계약업무를 하는 거야.

그리고 보면 계약 담당 장교는 계약관이나 재무관의 업무를 대리하는 사람이라고 할 수 있지.

이런 훈령을 통해 계약업무를 담당하는 사람을 정한 이유는 앞서 설명한 것처럼 국민들의 피와 땀으로 만든 예산을 투명하고 공정하게 집행하기 위해서야. 직위를 정해 놓고 책임과 의무를 부여한다고 할 수 있지.

더불어 투명하고 공정한 국가계약을 위해 절차와 방법을 법으로 정해 놓았는데, 이게 「국가를 당사자로 하는 계약에 관한 법률(약칭 국가 계약법)」이야.

하지만 국가계약법은 국가계약의 기본적인 절차만 정해 놓았을 뿐, 국가계약법 하나만으로 모든 계약을 체결할 수는 없어. 뒤에서 설명하겠지만 계약은 공사계약, 물자계약, 용역계약 등으로 나눌 수 있는데 계약마다 내용이 다르고 특성이 있어서 관련법을 준용해야 해.

본격적으로 들어가기에 앞서 현행 법령 체계를 먼저 알아보자.

구 분	예 시
헌법	-
법률	국가를 당사자로 하는 계약에 관한 법률
대통령령	국가를 당사자로 하는 계약에 관한 법률 시행령
부령	국가를 당사자로 하는 계약에 관한 법률 시행규칙
행정규칙	국방부 계약업무 처리훈령, 계약예규, 고시, 지침 등

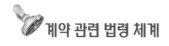

계약 관련 법령 체계

ㅇ 법령

구　　　분	적용 대상	소관 부처
국가를 당사자로 하는 계약에 관한 법률 / 시행령 / 시행규칙	공　　통	기획재정부
국고금 관리법		기획재정부
전자조달의 이용 및 촉진에 관한 법률		조달청
건설산업기본법	건설공사	국토교통부
전기공사업법	전기공사	산업통상 자원부
정보통신공사업법	정보통신공사	과학기술정보 통신부
소방시설공사업법	소방시설공사	행정안전부
건설기술진흥법	건설기술용역	국토교통부
건설폐기물의 재활용 촉진에 관한 법률	건설폐기물 처리 용역	환경부
중소기업 제품 구매촉진 및 판로지원에 관한 법률	물품	중소기업청

ㅇ 기획재정부 계약예규

1. 정부입찰·계약 집행기준	9. 공사계약 일반조건
2. 예정가격 작성기준	10. 용역계약 일반조건
3. 입찰참가자격 사전심사 요령	12. 용역입찰유의서
4. 적격심사기준	13. 물품구매(제조) 계약일반조건
5. 공사계약 종합심사낙찰제 심사기준	14. 물품구매(제조) 입찰유의서
6. 일괄입찰 등에 의한 낙찰자 결정기준	15. 종합계약 집행 요령
7. 협상에 의한 계약체결기준	16. 경쟁적 대화에 의한 계약체결기준
8. 공동계약 운용 요령	17. 용역계약 종합심사낙찰제 심사기준

○ 고시

구 분	적용 대상	소관 부처
건설폐기물 처리용역 적격업체 평가기준	폐기물 처리 용역	환경부
중소기업자 간 경쟁제품 계약이행능력심사 세부기준	물품	중소기업청

○ 국방부 훈령

구 분	적용 대상
계약업무 처리 훈령	공통
군 시설공사 적격심사기준에 관한 훈령	공사
기술용역 적격심사기준에 관한 훈령	기술용역
일반용역 적격심사기준에 관한 훈령	일반용역
물품 적격심사기준에 관한 훈령	물품

우리나라는 헌법을 최고 상위법으로 해서 아래로 법-대통령령-부령-훈령 등이 있어.(국제 조약 등이 있긴 하지만 우리는 국내 계약을 위주로 알아보고 있기 때문에 생략할게.)

법을 준수해야 되는 것은 누구나 아는 사실인데, 행정 규칙은 많이 들어보지 못했을 거야.

행정 규칙은 행정 주체가 정한 일반적인 규정으로서 법규의 성질을 갖지 아니하는 규칙. 예를 들어 국방부 훈령은 국방부 내 관계 공무원만을 구속하는 내부 규정이라고 할 수 있어. 그런데 국가계약에 참여하는 업체들도 행정 규칙을 준수해야 할까? 계약예규는 행정 규칙에 포함되는데 업체는 지키지 않아도 되는 거 아냐?

문: 기획재정부 계약예규를 계약 담당 공무원과 계약 상대자 모두가 준수하여야 하나요?

답: 대법원은 국가기관이 정한 내부 업무기준에 대하여 원칙적으로 관계 공무원만을 구속하는 내부 규정에 불과한 것으로 보고 있으며, 예외적으로 법령과 결합하여 대외적 효력을 발생시키는 경우에 한해 법규성을 인정하고 있음. (기재부 회계제도과-566, '09. 3. 25)

기획재정부의 공식적인 의견은 계약예규도 예외적으로 법규성을 인정하고 있다고 해. 다만, 실무적으로 계약예규를 적용하기 위해서는 입찰공고/계약 체결 시 공사계약 일반조건, 공사 입찰유의서 등을 계약서에 첨부해야 하지.

계약 관련 법령 체계를 보면 애매한 것들이 있을 거야.

먼저 국방부 훈령 중에 「계약업무 처리 훈령」이라고 있는데 이 훈령은 국방부 내 계약업무를 할 때 절차를 규정한 내용이라고 해. 국가계약법에서 이미 절차를 제시하고 있는데 왜 또 국방부에서는 별도의 훈령을 작성했을까?

왜냐하면, 국가계약법에서는 국가가 계약을 할 때 필요한 포괄적인 내용을 정한 반면, 국방부 훈령은 국가계약법의 구체적인 방법을 기재했다고 보면 돼. 예를 들어 국가계약법에서는 수의계약이 5,000만 원 이하지만, 훈령에서는 공개수의계약이라는 별도의 방법을 제시하고 있지.

또 하나, 기재부 계약예규에는 적격심사기준이 있는데, 국방부 훈령에도 적격심사기준이 있고, 고시에서는 계약이행능력심사라는 비슷한 것도 내용이 있어. 중복될 수 있다고 생각되겠지만 각각의 기준은 그 상위 법령이 다르기 때문에 구분된다고 알고 있으면 돼.

국가계약법 시행령 제42조(국고의 부담이 되는 경쟁입찰에서의 낙찰자 결정)

① 각 중앙관서의 장 또는 계약 담당 공무원은 국고의 부담이 되는 경쟁입찰의 경우에는 예정가격 이하로서 최저가격으로 입찰한 자의 순으로 계약이행능력을 심사하여 낙찰자를 결정한다.

⇨ 기재부 계약예규 적격심사기준 근거

⑤ ~ 다만, 공사 또는 물품 등의 특성상 필요하다고 인정되는 경우에는 각 중앙관서의 장이 기획재정부 장관과의 협의를 거쳐 직접 심사기준을 정할 수 있다.

⇨ 국방부(공사, 물품, 용역) 적격심사 훈령 근거

중소기업 제품 구매촉진 및 판로지원에 관한 법률 제7조(경쟁 제품의 계약 방법)

② 공공기관의 장은 중소기업자 간 경쟁입찰에서 적정한 품질과 납품 가격의 안정을 위하여 중소기업자의 계약이행능력을 심사하여 계약 상대자를 결정하여야 한다.

⇨ 중소기업자 간 경쟁 제품 계약이행능력평가 근거

그럼 우리는 어떤 규정을 적용해야 할까?

적격심사기준은 기재부 계약예규가 아닌 국방부 훈령을 적용해야 하고, 중소기업자 간 경쟁 제품 구매 시에는 중소기업 간 계약이행능력평가기준을 적용해야 해.

이처럼 국가계약을 함에 있어 근거가 되는 법령이나 규정을 정확히 이해하고 적용해야 할 필요가 있어. 다른 사람의 노하우나 어깨너머로 배운 방법이 아니라 국고금의 파수꾼이자 정당한 집행자로서 신념을 가지고 공부해야 해.

그렇다고 해서 처음부터 너무 부담 갖지 마. 앞으로 차근차근 설명할게.

추정가격

이제 본격적으로 계약업무를 알아보자.

지금 생각해 보면 계약업무를 가장 빨리 적응하는 방법은 융통성을 찾지 말고 정확한 규정과 원칙을 아는 것인데, 나 또한 지름길을 찾으려 노력했어. 법령은 이해가 되지 않고, 어떻게 하면 쉽게 일을 배울 수 있는지 고민했지.

계약 장교로 보직된 첫날 빨리 인정받고 싶은 마음에 선배들한테 노하우를 전수해 달라고 쫓아다닌 적이 있어. 어떻게 하면 계약을 잘할 수 있냐는 질문에 '업체와의 밀당을 잘해야 한다'라는 심리전략을 알려주거나, '지시된 대로만 하고 다른 융통성은 절대 부리지 말라'

라는 원칙주의 등 솔직히 도움이 되지 않는 말뿐이었어.

하지만 선배들이 공통적으로 강조한 부분이 있었는데 그건 바로 국계법을 여러 차례 정독하라는 것이었어. 국계법이라… 난 처음에 국계법이 무슨 뜻인지도 몰랐어. 알고 보니 '국가를 당사자로 하는 계약에 관한 법률(약칭 국가계약법)'의 줄임말이더라고….

그래서 출근 첫날 야근까지 하며 야심차게 국계법을 펼쳤지만, 솔직히 첫 장부터 전혀 이해되지 않았어. 법이라 그런지 어려운 용어가 대부분이고 시행령과 시행규칙, 훈령의 차이도 이해되지 않더라고. 다른 여러 해설서를 읽어 봐도 쉽지 않았고, 강의를 들을 수 있는 곳이 있을까 수소문도 해봤지만 강의료가 너무 비싸거나 대학 강의뿐이어서 선택할 수 있는 곳이 없었어.

사실 이 글을 쓰는 이유가 바로 여기에 있어. 누구나 쉽게 사례를 통해 국가계약을 알 수 있게 하자. 언젠가 내 후배가 또는 내 부하가 처음 계약을 접할 때 부담 없이 읽을 수 있는 인수인계서를 만들자. 어려운 법률 용어는 쉬운 말로 바꾸고 복잡한 조항은 사례를 통해 설명하자.

본론으로 들어가서 국가계약법이 어떤 법이고 의미가 뭘까?
간단히 말해 국가계약법은 국가가 계약을 할 때 반드시 준수해야 되는 절차를 정해 놓은 법이라 생각하면 돼. 흔히들 국가계약법을 절차법이라고 할 정도로 그 절차에 많은 비중을 두고 있어. 그래서 우리는 국가계약법에서 제시한 절차를 차근차근 따라 하기만 하면 돼.

아마 국가계약법 시행령을 펼치면 제2장부터 모르는 용어가 나올 텐데 '추정가격'이라는 단어일 거야. 추정가격은 쉽게 말해 우리가 어떤 계약 방법을 선택할지 결정할 수 있게 도와주는 기준 금액이라고 생각하면 돼. 사실 모든 계약은 경쟁계약이 원칙이야. 하지만 상황과 여건에 따라 수의계약, 협상에 의한 계약 등 수없이 많은 계약 방법을 선택할 수 있지. 하지만 구체적으로 어떤 경우에 선택할 수 있을지 결정하기 쉽지 않아. 그래서 그 계약 방법을 결정할 수 있게 도와주는 기준 금액이 추정가격이야.

추정가격의 설명에는 관급자재라는 말도 나오는데 지금은 넘어가고, 그냥 쉽게 예산에서 부가가치세를 뺀 금액이라고 생각하면 돼.

예를 들어 설명할게.

만약 에어컨 구매를 위해 5,000만 원의 예산이 있는데 여기서 추정가격은 얼마일까?

한국의 부가가치세는 10%이니까. 5,000만 원에서 10%를 뺀 금액은 4,545만 원쯤 될 거야. 근데 왜 하필 부가가치세를 빼는 건지, 그리고 부가가치세를 뺀 추정가격이 계약 방법 결정과 어떤 관계가 있는지 궁금할 거야.

우선 추정가격은 국가계약법 시행령 제2조를 보면 '국제입찰 대상 여부를 판단하기 위해 산정된 가격이다'라고 되어 있어. 즉 국제 계약을 해야 할지 국내 계약을 해도 되는지에 대해 결정할 수 있는 금액이라는 뜻이야. 우리나라 또한 WTO에 가입된 국가이기에 기획재정부 장관이 고시하는 일정 금액 이상이면 국제입찰을 해야 하는데, 현재 우리는 국내 계약만 하기 때문에 국제 계약을 언급하지 않을게.

하지만 왜 부가가치세를 빼는지는 알아야 해. 이유는 모든 나라의 부가가치세가 동일하지 않고, 부가가치세법은 국내 거래에 과세되는 세금이기 때문이야. 즉 해외수출품에 영세율을 적용하듯 국제입찰 시에는 부가가치세를 적용하지 않는다는 거지.

그러면 추정가격이 계약 방법 결정과 무슨 관계가 있냐면?

일단 국가계약법 시행령에서는 추정가격을 통해 여러 가지 계약방법을 지정하고 있지만, 우리로서 가장 중요한 것은 수의계약의 범위를 산정할 수 있다는 거야. 물품의 경우 추정가격 5,000만 원 미만인 경우 수의계약이 가능해. 그리고 국군재정관리단에서는 사·여단 부대의 계약업무를 경감해 주고, 계약의 전문성을 위해 물품·용역계약의 경우 추정가격 5,000만 원이 넘는 경우 계약을 대리해 주고 있어.

어? 그럼 결론적으로 추정가격 5,000만 원이 넘으면 우리가 안 해도 되네?

바로 그거야. 우리는 계약을 한 건이라도 덜 수 있어.

나도 예전에는 물품 계약 의뢰가 오면 추정가격이 5,000만 원이 넘길 기도한 적도 있어. (제발 추정가격 5,000만 원 넘어라…)

비슷한 용어로 추정금액이 있는데 **추정금액 = 추정가격 + 관급자재**라고 알고 있으면 돼. 처음 계약을 시작하는 단계에서는 크게 신경 쓰지 않아도 되는 개념이니까 그냥 넘어간다고 걱정하지 마.

마이무따 아이가! 고마해라
(기초 예비가격부터 예정가격까지 I)

영화 「친구」 봤어? 장동건이랑 유오성 나오는 건달 영화.

내가 계약 장교를 처음 시작할 무렵 그 영화를 오랜만에 다시 봤는데, 너무 계약에 심취해 있어서일까? 내 눈에 딱! 계약 처리 절차가 나오더라고.

그래서 오늘은 영화 「친구」와 계약의 연관성에 대해 말해 보려 해.

대부분의 사람들은 영화 「친구」에 대해 장동건이 전봇대 밑에서 칼에 맞는 장면이나, 영화 타이틀 곡에 맞춰 4명의 친구가 극장으로 뛰어가는 장면만 기억하는데, 난 상곤이라는 역할이 기억에 남았어.

장동건과 유오성은 서로 반대파의 중간 보스로 나오는데 유오성은 원양어선 사업을, 장동건은 건설업을 시작하려고 해. 건설업을 시작하는 장동건파의 보스가 바로 상곤이야.

그 왜 있잖아, 중국집에서 신입 건달 장동건을 앞에 두고 천만 원짜리 수표를 보이며 "이게 바로 의린기라. 필요할 끼다, 써라!"라며 시크하게 말한 사람.

근데 이 사람이 계약이랑 무슨 관계냐고?

그건 바로 상곤이라는 사람이 의미 있는 행동을 하기 때문이야. 계약에 심취해 있는 내 눈에 정확하게 포착된 장면이었지.

영화 중반부에 아파트 토목공사 입찰장에서 장동건파 조직원들이 냉장고에서 얼린 탁구공을 몇 개 꺼내. 그리고 다음 화면에 상곤이 모른 체 걸어 나와서는 투명한 통 안에 든 탁구공을 휘저으며 고르는 척해. 사실 이 탁구공 때문에 상곤이라는 역할을 기억하고 있어. 이 탁구공은 나중에 낙찰자를 선정하는 데 결정적인 역할을 해.

자, 그럼 탁구공이 계약 체결에 어떤 역할을 하는지 기초 예비가격부터 예정가격까지 알아볼까?

사실상 이 부분을 이해했다면 계약의 절반 이상을 배운 거나 마찬가지야. 그만큼 중요한 부분이니까 집중! 집중! 집중!

먼저 그림으로 설명할게

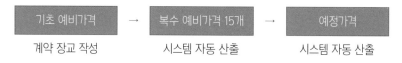

제일 처음 나오는 기초 예비가격이라는 것은 복수 예비가격 15개를 정하기 위한 기준 금액이야. 그리고 복수 예비가격은 기초 예비가격을 기준으로 ±2% 범위 내 15개가 만들어지고, 4개를 산술 평균해 예정가격이 돼. 이 금액은 낙찰자를 결정하는 기준 금액이 되지.

무슨 말인지 전혀 이해가 안 되겠지만 괜찮아. 기초 예비가격 → 복수 예비가격 → 예정가격 순으로 절차가 진행되는 것만 알아두면 돼.

그럼 사례를 통해 어떤 것이 기초 예비가격이고 복수 예비가격이며, 그리고 예정가격 결정 방법에 대해 알아볼게.

하루는 군수처로부터 20만 원짜리 나이키 에어맥스 신발을 구매해 달라는 공문을 받았어. 계약 장교는 시중에 나이키 에어맥스가 20

만 원에 거래되고 있는지 조사를 했는데, 20만 원이 아니라 18만 원에 팔리고 있는 사실을 알았어. 18만 원짜리 신발을 20만 원에 살 수는 없다는 생각에 기초 예비가격을 18만 원으로 결정하고 참모님의 승인을 받았어. 바로 계약 장교가 조사한 시장가격인 18만 원이 기초 예비가격이야.

공고문을 국방전자조달 시스템에 게시하고 직접 조사한 기초 예비가격 18만 원을 입력했어. 예정가격 이하 낙찰하한율 88% 이상 최저가격으로 투찰한 자를 낙찰자로 선정할 거야.

국방전자조달 시스템은 예정가격을 결정하기 위해 기초 예비가격 18만 원을 기준으로 +2%인 183,600원을 상한으로, -2%인 176,470을 하한으로 두고 임의의 가격인 복수 예비가격 15개를 선정했어. 하지만 계약 장교와 입찰에 참가자에게는 15개의 숫자가 금액이 아닌 점(·)으로 보이게 했지.

업체들은 견적서를 제출하기 전에 각각 2개의 점을 선택하라는 안내를 받았고, 아무거나 2개의 점(·)을 누르고 견적 금액을 입력했어.

입찰일 당일. 계약 장교가 '입찰 실시' 버튼을 누르니 아래와 같이 복수 예비가격이 선정되었어.

복수 예비가격 선정 결과

금액	선택 횟수	금액	선택 횟수	금액	선택 횟수	금액	선택 횟수	금액	선택 횟수
183,600	4	183,240	1	182,880	1	182,520	1	181,980	1
181,440	1	180,900	6	180,000	8	179,820	1	179,104	1
178,571	1	178,218	1	177,866	1	177,340	4	176,471	2

표에서 보이는 것처럼 기초 예비가격의 ±2% 범위로 국방전자조달 시스템이 임의로 만든 15개의 금액이 복수 예비가격이야.

15개 중 입찰에 참여한 업체들이 가장 많이 선택한 4개를 평균한 값이 예정가격이 되는 거야.

그리고 "예정가격을 결정하시겠습니까?"라는 팝업창에 "예"라고 누르니 아래와 같이 예정가격이 결정되었어.

예정가격 산정 결과

복수 예비가격 산술평균	예정가격
(183,600+180,900+180,000+177,340) ÷ 4	180,460

입찰은 총 17개 업체가 참여했는데 낙찰자 결정 버튼을 누르니 아래와 같은 결과가 나왔어.

순번	상 호	금 액	비 고
1	용산구두	158,700	낙찰하한가 미만
2	횃불제화	158,800	낙찰하한가 미만
3	화성신발	158,900	낙찰
4	국제가게	159,000	2순위
5	부산상점	159,100	3순위
:	:	:	:
16	원주운동화	180,500	예정가격 초과
17	화랑신발	180,600	예정가격 초과

입찰 결과를 분석해 보니 화성신발은 예정가격(180,460원)의 88% (158,805원) 이상으로 입찰서를 제출한 업체 중 최저가격으로 입찰했기 때문에 낙찰이 될 수 있었어.

어때, 이제 약간 정리가 되지? 그럼 기초 예비가격에 대해 좀 더 자세하게 알아볼게.

기초 예비가격은 시중에서 거래되는 실제 가격을 확인한 결과라고 생각하면 돼.

실제 시중에서는 나이키 에어맥스가 18만 원이면 살 수 있는데, 예산이 20만 원이라는 이유로 예산을 다 주고 산다면 2만 원 손해 보는 거잖아. 내 돈이라면 눈에 불을 켜고 더 싼 곳을 찾을 거야. 그러니 계약을 할 때도 실제 거래가격을 확인하는 절차가 중요해.

그럼 실제 거래가격을 어떻게 확인하는지 알아봐야겠지?

국가계약법에서는 기초 예비가격을 확인하는 방법까지 친절하게 정해주고 있어.

국가계약법 시행령 제9조(예정가격의 결정기준)
1. 적정한 거래가 형성된 경우에는 그 거래실례가격
2. 계약의 특수성으로 인하여 적정한 거래실례가격이 없는 경우에는 원가계산에 의한 가격
3. 공사의 경우 이미 수행한 사업을 토대로 축적한 실적공사비로서 중앙관서의 장이 인정한 가격
4. 위 방법에 의한 가격에 의할 수 없는 경우 감정가격, 유사한 물품·공사·용역 등의 거래실례가격 또는 견적가격

계약은 절차가 중요하잖아? 그래서 위에서 제시한 4가지 방법도 순서를 잘 지켜야 해.

1번 → 2번 → 3번 → 4번

우리가 주로 사용하는 방법은 1번인데, 어떻게 조사하는지 알려줄게.

우선 주위를 잘 살펴봐. 통상 모니터 받침대로 쓰는 『물가조사지』라는 두꺼운 책이 있을 거야. 그 책을 먼저 봐야 해.

우리가 사용하는 『물가조사지』는 보통 3가지 정도가 있는데, 공인된 기관에서 작성하고 배포하는 것이기 때문에 신뢰성이 있다고 생

각하면 돼. 그 책에는 여러 가지 물건의 가격이 적혀 있는데 찾고자 하는 품목의 단가를 적용하면 돼.

근데 원하는 품목이 없을 경우 어떻게 할 것인가.

어쩌긴 자신이 찾는 품목을 취급하는 업체에 연락해서 가격을 물어봐야지. 즉 신발가게에 전화해서 나이키 에어맥스 얼마인가요? 하고 물어보면 돼. 그리고 가능하면 견적서를 보내 달라고 하면 팩스나 이메일로 보내줄 거야. (이때 그 업체와 계약을 한다는 약속을 해선 안 돼. 넌 단순히 기초 예비가격을 조사하는 과정이야. 업체는 수의계약을 하는 줄 오해할 거야. 오해가 있으면 안 되겠지?)

그럼 몇 군데를 연락해야 하냐? 국가계약법 시행규칙 제5조 제1항 제3호에는 "계약 담당 공무원이 2 이상의 사업자에 대하여 당해 물품의 거래실례를 직접 조사한 가격"이라고 되어 있어. 많이 연락할 필요도 없어 2명 이상에게 물어봐.

물어봤는데 한 명은 18만 원이고 또 다른 한 명은 19만 원이라고 해. 어떤 걸 적용해야 할까? 그냥 가장 싼 단가를 적용해야 하나?

국가계약법 시행령 제9조에서는 "예정가격을 결정함에 있어 계약 수량, 이행 기간, 수급 상황, 계약 조건 기타 제반 여건을 참작하여야 한다."라고 되어 있어. 이때는 가용예산과 납품기한 등을 고려해서 판단해야 해. 통상 가장 저렴한 가격을 결정하는데 어려우면 그냥 참모한테 결정해 달라고 하는 게 편해. 어차피 책임은 재무관인 참모가 지는 거니까. (이럴 때 그동안의 설움을 복수하는 거야 ㅎㅎ)

그리고 중요한 한 가지. 반드시 '기초 예비가격 조서'라는 서류를 작성하는 것을 잊지 마. 우리 계약의 모든 절차는 가능한 문서로 남겨야 해.

여기까지가 기초 예비가격에 대한 설명이야. 지금까지 이해됐지?

자, 그러면 18만 원으로 기초 예비가격을 결정했다 치자.

다음으로 복수 예비가격을 결정해야 할 텐데, 이 복수 예비가격이 어떤 의미가 있고 어떻게 선정하는지 알려줄게.

결론적으로 말하자면 우리가 결정하지 않아.

국방부 계약업무 처리훈령 제7조에는 기초 예비가격을(아까 조사한 18만 원) 기준으로 ±2% 범위 내에서 15개의 임의의 가격을 정하라고 되어 있는데, 이 15개의 임의의 가격이 복수 예비가격이야.

복수 예비가격은 국방전자조달이라 불리는 시스템이 랜덤으로 결정하기 때문에 아무도 알 수 없어. 심지어 국방전자조달을 운영하는 방위사업청 시스템 담당자도 알 수 없어. 하지만 업체들로 하여금 많이 선택된 예비가격 4개가 필요하기에 시스템에서는 점(·)으로 표시해.

업체들은 입찰서를 제출하기 전에 점(·) 2개를 선택해야 하는데, 나중에 입찰을 실시하면 그 점(·)의 금액이 공개돼. 많이 선택된 4개의 복수 예비가격의 평균이 예정가격이야.

아까 탁구공 얘기했지? 상곤이 고르려고 했던 그 탁구공이 사실 복수 예비가격 15개였던 거야. 지금처럼 전자계약이 상용화되지 않앉을 시절에는 복수 예비가격 또한 한자리에 모여서 입찰자들이 탁구공에 숫자를 쓰고 추첨하는 방식으로 골랐어.

결국 상곤은 원하는 숫자가 적힌 얼린 탁구공을 쉽게 고를 수 있었고, 각 탁구공의 복수 예비가격을 알 수 있었기에 예정가격도 맞힐 수 있었어. 당연히 계약도 하게 되겠지.

하지만 상곤이 했던 그런 탁구공을 통한 예정가격 결정은 더 이상 하지 않아.

그래서일까, 혹자는 입찰을 '운찰'이라고 표현하기도 해. 운이 좋아야 낙찰받을 수 있다는 의미에서 운찰.

복수 예비가격도 이해되지?

마지막으로 예정가격에 대해 하나만 더 강조할게.

아까 나이키 신발을 살려고 공고를 냈었지? 근데 예정가격이 공개되었다면 누구나 낙찰을 받을 수 있을 거야. 그래서 국계법에서는 예정가격을 절대 비밀로 하고 있어.

국가계약법 시행령 제7조의2(예정가격의 비치)

① 각 중앙관서의 장 또는 계약 담당 공무원은 경쟁입찰 또는 수의계약 등에 부칠 사항에 대하여 당해 규격서 및 설계서 등에 의하여 예정가격을 결정하고 이를 밀봉하여 미리 개찰 장소 또는 가격 협상 장소 등에 두어야 하며 예정가격이 누설되지 아니하도록 하여야 한다.

언젠가 해외 파병을 가게 된다면 현지 수기계약을 해야 할 수도 있어. 그럼 어떻게 해야 되는지 알지? 예정가격은 절대 비밀이야!

자, 정리해 보자!

1. 계약 의뢰를 접수하면

2. 『물가조사지』를 확인하고, 없으면 업체들로부터 견적을 받아 기초 예비가격 결정!

3. 시스템에 기초 예비가격을 입력하면 자동으로 15개의 복수 예비가격이 결정!

4. 시스템은 복수 예비가격 4개를 산술평균하여 예정가격을 결정!

5. 입찰하는 사장님들 중에 낙찰하한율(예정가격의 88%)에 가장 가까운 사람이 낙찰자로 선정!

6. 계약 체결

모든 계약은 이 예정가격을 통해 계약금액이 결정되고 낙찰자가 선정된다고 생각하면 돼. 그만큼 원리를 잘 이해해야 하고, 비밀 유지도 중요하지.

네이버로 물가조사를 해도 될까??
(기초 예비가격부터 예정가격까지 II)

기초 예비가격 조사는 예정가격을 결정하는 시작이기 때문에 중요하다는 건 이해했지?

기초 예비가격 조사가 중요하다는 말은 앞으로도 계속할 거야.

간혹 계약 장교 중에는 바쁘거나 귀찮다는 이유로 기초 예비가격 작성을 생략하고, 예산의 -2%를 기초 예비가격으로 정해 버리는 경우가 있다고 해.

진짜… 작성을 안 해도 되는 걸까? 결론부터 말하자면 생략하면 안 돼.

처음 계약을 하는 사람은 국가계약법 시행령 제7조의2에 "추정가격 이하로 수의계약을 체결하고자 하는 경우 생략할 수 있다."라고 되어 있으니 안 해도 되겠다고 생각하지만 아니야.

국방부 계약업무처리 훈령 제6조 제3항에는 "전자공개수의에 해당하는 계약으로 추정가격 5백만 원을 초과하는 경우에도 계약예규 '예정가격 작성기준'에 의거한 예정가격을 작성하여야 한다."라고 되어 있어. 국가계약법에서 생략할 수 있다고 해도 훈령에서 하라고 하면 해야 해.

'할 수 있다'와 '하여야 한다'.

느낌은 비슷하지만 엄연히 다른 말이야. '할 수 있다'는 해도 되고 안 해도 되지만 '하여야 한다'는 반드시 해야 한다는 말이야.

그리고 사실 추정가격 500만 원이 초과할 경우 대부분 전자공개 수의계약을 하고 500만 원 이하는 출납 공무원 후배를 시켜서 승낙 사항으로 계약하잖아.

그러니 우리는 대부분의 계약을 할 때 기초 예비가격 조사를 해야 한다는 뜻이지….

근데 문제가 있어. 막상 하려고 보니 품목 수가 너무 많고 『물가조사지』에도 나오지 않아.

이럴 때는 어떻게 할까?

우선 네이버를 떠올릴 거야. (심지어 네이버에서 해당 물품도 검색도 가능해)

안타깝지만 우리는 그 금액을 적용할 수 없어. 인터넷 금액은 기초 예비가격이 될 수 없어.

기재부 유권해석을 찾아봤는데 많은 사람이 똑같은 고민을 했나 봐.

[유권해석, 회제 41301-253] 원가계산 시 인터넷상 가격 적용 관련

문: 인터넷 가격 또는 홈쇼핑에 게재한 가격을 거래실례가격으로 적용할 수 있나요?

답: 거래실례가격은 전문가격조사기관이나, 각 중앙관서의 장 또는 계약 담당 공무원이 2인 이상의 사업자에 대해 당해 물품의 거래실례를 직접 조사하여 확인한 가격을 의미하는 것임.

'어? 내가 직접 인터넷 PC 켜고, 홈페이지 일일이 들어가서 조사했는데 이것도 직접 조사한 거 아닌가?'라는 생각이 들 거야.

하지만 내가 기초 예비가격에 대해 설명한 내용을 떠올려 봐.

"예정가격을 결정함에 있어 계약 수량, 이행 기간, 수급 상황, 계약 조건, 기타 제반 여건을 참작하여야 한다."라고 했었어.

인터넷 가격은 해당 사업의 특성이 반영되지 않은 불특정 다수에게 제공하는 가격이기 때문에 안 되는 거야.

인터넷 가격을 적용할 수 없는 이런 이유도 있을 거 같아.

예를 들어 우리 부대가 나이키 공장 바로 옆에 있고, 한 켤레가 아닌 500켤레를 사는데 같은 가격에 사면 손해겠지? 운송비도 절감되고, 대량 구매에 따른 가격 할인도 기대할 수 있을 거야.

그럼 도대체 빠르고 쉽게 거래실례가격을 확인할 수는 방법은 없을까?

지금부터 그 노하우를 알려줄게.

우리 재정병과는 '국군재정관리단'이라는 든든한 버팀목이 있어.

(이태원 경리단길이 국군재정관리단 전신인 '육군중앙경리단' 옆에 있어서 경리단길이래. 아주 멋진 곳에 위치하고 있지)

재정관리단은 급여 지급, 채권 관리 등 많은 부분에서 군과 병과를 위해 훌륭히 임무를 수행하는 곳이지만, 난 개인적으로 계약 때문에 재정관리단을 좋아해.

대규모 계약의 경우 '중앙계약'이라 불리는 이름으로 국군재정관리단에서 대신해 주는데, 그만큼 계약에 대한 전문가가 많고 노하우와 데이터가 축적이 되어 있기 때문에 가능한 일이야.

특히 야전에서는 계약 장교가 직접 물가조사를 하지만 재정관리단은 전담 부서가 있어서 빠르고 정확한 거래실례가격 조사가 가능하지.

그래서 재정관리단에서는 축적된 많은 데이터를 야전 재정병과원과 공유하기 위해 '물가정보관리체계'라 불리는 시스템을 운영하고 있어.

인트라넷 국군재정관리단 홈페이지에 가면 찾을 수 있을 거야.

'물가정보 관리체계'의 좌측 메뉴를 보면 건축자재, 설비자재 등 분류가 되어 있는데 하나씩 들어가서 확인해도 되고, 가운데 검색창을 이용해도 괜찮아.

이 '물가정보 관리체계'는 공인된 기관에서 작성하는 『물가조사지』의 데이터를 정기적으로 업데이트하기 때문에 우리가 『물가조사지』를 한 장씩 넘기는 수고를 덜어주고 있어.

앞으로는 네이버 말고 '물가정보관리체계'를 이용해 보는 거야.

계약의 종류는 몇 개나 될까?

하루는 군수처에서 병사들한테 매월 떡을 1인당 하나씩 보급하겠다고 계약 의뢰를 해왔어. 부대에는 방앗간이 없으니 당연히 업체와 계약을 해야겠지?

근데 황당하게도 총 몇 개가 필요한지 모른다는 거야. 매일 인원수가 바뀌니 수량을 확정할 수 없대. 어이가 없어서 참모에게 하소연하니 '단가계약'을 추진하라고 하시네….

단가계약??

국가계약법에서는 아주 많은 계약 방법을 설명하고 있어. 예산의 종류에 따라, 입찰 방식의 종류에 따라, 공사·물품·용역에 따라 다양

한 방법이 있지.

그런데 모든 계약이 같은 방법으로 이루어질까?
예정가격을 결정할 때도 사업의 특성을 고려하라고 했는데, 모든 사업이 같은 특성을 가질 순 없어. 그래서 계약의 방법도 여러 가지야.

지금부터는 기본적인 계약의 종류에 대해 간단히 설명할게.
우선 계약체결 형태별로 구분하자면

미리 확실하게 정하자! 확정계약 / 지금은 개략적으로만 계산하자! 개산계약
확정계약은 계약 금액을 확정한다는 의미야. 나이키 신발을 15만 원에 계약했다면 물건 받고 15만 원만 주면 되는 거지. 반면, 개산계약은 처음에는 계약 금액을 확정하지 않고 개략적(개산가격)으로만 체결하는 거야. 하지만 추후에 어떤 기준으로 계약 금액을 확정할지 사전에 결정해야 해. (주로 개발 시 제품에 해당하니까 야전에서는 이 방법을 잘 이용하지 않아)

전체 금액을 정하고 시작하자! 총액계약 / 한 개 얼마예요? 단가계약
총액계약은 계약하고자 하는 물품 전체에 대해 총액으로 계약을 하는 거고, 단가계약은 일정 기간 동안 물건이 얼마나 필요한지 몰라서 예산의 범위 내에 단가만 결정한 계약이야. (아까 참모가 지시한 단가계약이 이 경우에 해당해. 병사들 떡 구매 예산이 연간 1억 원이 있어. 근데 매월 몇 개가 필요한지 예측이 안 돼. 이럴 때 떡 1개당 단가계약을 체결하고 1억 원까지 구매할 수 있는 방법이지. 나중에 먹은 만큼만 돈을 주면 돼)

근데 여기서 궁금한 게 생겼어. 확정계약이면서 총액계약일 수도 있는 거야?

물론! 그럴 수 있어.
확정계약이라는 의미는 계약 금액을 확정한다는 뜻이기 때문에 총액에 대해 금액을 확정했다면 확정계약이지. 그리고 개산계약이면서 총액계약일 수 있고 단가계약일 수 있어.

계속비 계약 / 장기계속계약 / 일반계약
이 개념을 알기 위해서는 먼저 예산에 대한 이해가 필요해. 너는 지금까지 예산을 받으면 연말까지 집행해야 한다고 알고 있을 거야.

하지만 계속비라는게 있어.
계속비는 국가재정법 제23조에 "완성에 수년 도를 요하는 공사나 제조 및 연구개발사업은 그 경비의 총액과 연부액(연도별 편성액)을 정하여 미리 국회의 의결을 얻은 범위 안에서 수년 도에 걸쳐서 지출할 수 있다."라고 되어 있어.

계속비는 예산 편성 단계에서 미리 결정하기 때문에 우리가 임의로 정할 수 없고, 군수처에서 계약 의뢰할 때 알려줄 거야.

다음 표는 『공공조달계약법』이라는 책에서 발췌한 내용인데, 이 표를 보면 이해하기 쉬워.

구 분[1]	장기계속계약	계속비 계약	일반계약
사업 확정	확 정	확 정	확 정
총예산 확보	미확보(당해 연도분 확보)	확 보	확 보
계약 체결	총계약으로 입찰하고 각 회계 연도 예산 범위 안에서 계약 체결 및 이행 (총공사금액 부기)	총공사금액으로 입찰·계약 (연부액 부기)	당해 연도 예산 범위 내 입찰·계약

반면 장기계속 계약은 주로 전기·가스·수도 등을 계약할 때 사용하는 방법인데, 계속비와 비슷하지만 예산을 매년 편성한다는 차이점이 있어.

이 물건만 나중에 금액을 결정할게요! 사후원가검토 조건부 계약

아까 개산계약은 먼저 개략적으로 계약 금액을 정하고 나중에 확정한다고 했지?

사후원가검토 조건부 계약도 비슷해. 약간 다른 부분이 있다면 개산계약이 개발 시제품 등 전체적으로 예정가격을 작성할 수 없을 때 사용하는 방법이고, 사후원가검토 조건부 계약은 일부 품목에 대해 예정가격을 작성할 수 없을 때 사용하는 방법이야.

두 가지 모두 입찰공고 시에 추후 가격 확정 방법에 대해 명시해야 된다는 공통점이 있어.

---

1) 『공공조달계약법(上)』 P87, 정원 著, 법률문화원 2009년

나도 이 계약 방법을 사용한 적이 있어서 얘기해 줄게.

골프장을 관리하는 부대에서 근무했을 때야. 골프를 치다 보면 각 홀마다 '그린'이라 불리는 곳이 있어. 이 '그린' 가운데는 동그란 구멍이 있는데, 이 구멍에 공을 넣어야 한 홀이 끝나는 거야. 그만큼 '그린'은 다른 잔디보다 촘촘하고 매끄럽게 관리되어야 해. 겨울에 골프장을 가면 다른 잔디는 갈색인데 '그린'만 초록색인 이유가 그래서야. 아주 철저히 관리해야 하지.

하루는 골프장 관리 용품을 구매하는데 품목 중에 10cm 간격으로 '그린'에 구멍을 내는 기계가 포함된 거야.

그래서 절차대로 기초 예비가격 작성을 위해 물가조사를 했어. 근데 웬걸, 한국에서는 생산하지 않고 전량 미국 제품을 수입해야 한다는 거야. 한참을 고민한 끝에 그 한 가지 품목을 사후원가검토 조건부로 계약을 했고 납품을 받았어.

근데 납품이 완료되고 대금을 지급하려는데 업체가 터무니없는 금액을 달라는 거야. (직접 미국에 가서 사가지고 왔다나 뭐라나⋯)

하지만 나는 입찰공고에 그 기계만큼은 사후원가계산 조건으로 한다는 조건과 추후 가격 결정 방법을 기재했었고, 업체의 끈질긴 항의에도 정상적인 대금을 지급할 수 있었어.

내가 쓴 문구는 "수입 물품의 경우 통관 시 세관에 제출한 수입면장의 금액을 적용한다."였어.

신의 한 수였지.

왜냐하면, 업체는 통관 비용을 줄이기 위해 수입 비용을 적게 기재했어야 했고, 나는 그 수입 비용만을 주기로 했으니 업체 입장에서는 거짓말을 할 수 없었지.

이처럼 개산계약이나 사후원가검토 조건부 계약은 추후 계약 금액 결정 방법을 미리 결정해야 해.

내년에 예산 나옵니다. 미리 계약합시다!! 회계연도 개시 전의 계약

우리가 살면서 하루라도 없으면 안되는 것들이 있어. 마실 물이 없거나 전기가 없다면 상당히 힘들 거야. 군대도 마찬가지야. 당장 오늘 저녁에 전쟁이 날 것 같은데 병사들 밥이 없거나, 탱크에 기름이 없다면 안 되겠지?

국고금 관리법 제20조에서는 배정된 예산의 범위 내에서 계약을 하라고 되었지만 실제 예산은 1월 초에 배정이 되기 때문에 계약하기가 힘들어. 계약 행정 기간까지 고려하면 1월 1일 당일은 밥을 먹을 수 없잖아? 이상하지….

이럴 때 회계연도 개시 전의 계약을 하는 거야. 비록 회계연도(1월 1일)가 개시되지 않았더라도 전년도 12월에 계약을 하고 1월 1일부터 계약을 이행하는 거야.

딱 하나 주의할 점이 있다면 예산이 정상적으로 편성되었는지 확인해야 한다는 거야. 이미 계약을 했는데 예산이 없으면 곤란하잖아. 비록 회계연도 개시 전 계약을 접수하고 예산이 편성되어 있다는 말을 들었어도, 상급 부대에 반드시 재확인을 해야 해.

우리는 둘이서 같이 일합니다! 공동계약

보통 우리가 물건을 살 때 가게 주인은 한 명이야. 하지만 국가계약은 2명 이상이 가게 주인이어도 상관없고, 심지어 가능한 한 2명 이상이어야 한다는 규정이 있어. 국가계약법 시행령 제72조의 2항에는 "경쟁계약 체결 시에는 계약의 목적 및 성질상 공동계약에 의하는 것이 부적절하다고 인정되는 경우를 제외하고는 가능한 한 공동계약에 의하여야 하도록" 규정하고 있는데

'아니, 안 그래도 바쁜데 왜 공동계약을 하라는 거야?'라고 생각할 수도 있어.

공동계약의 목적은 보다 많은 업체에 기회를 주기 위함이야.
경쟁계약을 할 때는 비슷한 계약을 수행한 실적을 평가하여 낙찰자를 결정하는데 이걸 '적격심사'라고 해. 그럼 영세하거나 이제 막 사업을 시작한 업체는 실적이 없으니 당연히 떨어지겠지? (실적을 쌓으려고 입찰에 참여했는데 실적이 없어서 낙찰이 안 되다니…) 그러면 대부분의 계약을 대기업이 가져가게 되니까 영세한 사업체를 운영하시는 분들은 영원히 낙찰을 받지 못하게 되는 거야.
이런 단점을 보완하기 위해 공동계약이 있다고 생각하면 돼. 공동계약을 하게 되면 경험이 적은 여러 명의 중소기업이 모여서 대기업과 경쟁할 수 있으니 낙찰받을 가능성이 많아지는 거지.
또한, 지역 경제 발전을 위해 공사계약을 할 때는 "건설업의 균형 발전을 도모하고, 지역 경제 활성화를 위해 공사 현장에 있는 지역 업체 중 1인 이상을 공동계약의 구성원으로 해야 한다."라고 되어 있다는 점을 참고해.

주로 사용하는 공동계약 방식에는 2가지가 있어.

공동 이행 방식	공동 수급체의 구성원이 전체 이행 범위를 연대하여 같이 이행하는 방식
분담 이행 방식	공동 수급체의 구성원이 각각 이행 범위를 나누고, 각각 이행하는 방식
주계약자 관리 방식	대형 공사에만 적용. 주계약자 주도하에 이행

우리가 주로 사용하는 공동 이행 방식과 분담 이행 방식에 대해 좀 더 알아보자.

이 둘은 비슷해 보이지만 약간의 차이점이 있어.

구 분	공동 이행	분담 이행
계약 이행	연대 책임	각자 책임
선급금	공동 수급체 대표자로 지급	구성원 각자의 계좌로 지급
기성금	구성원 각자 계좌로 지급	
일부 구성원 탈퇴 시	잔존 구성원이 연대하여 계약 이행	
각종 보증금	공동 수급체 대표가 일괄 납부 가능	구성원별 분할 납부
하자 시 책임	연대 책임	각자 책임
부정당 업체 제재	제재 사유를 직접 일으킨 자에 대하여 적용	

표에서 보는 것처럼 공동 이행 방식은 대부분의 계약 이행을 같이 하고, 책임도 같이 부담해. 반면 분담 이행 방식은 자기에게 할당된 만큼만 일하고 책임도 자기가 일한 것은 지면 돼.

두 가지 방식에는 특징이 있는데, 공동 이행 방식은 공동 수급체

간의 유기적인 협조와 계약 이행으로 빠르고 정확하게 시공할 수 있다는 장점이 있지만, 하자 발생 시 연대책임을 져야 하기 때문에 누군가의 잘못을 다른 사람이 책임져야 할 때도 있어.

그리고 분담 이행 방식은 연대책임이 없기 때문에 자기에게 부여된 책임만 성실히 이행하면 되는데, 책임이 너무 명확하게 구분된다면 전체적인 사업이 공동 이행 방식보다 완성도가 떨어질 수 있어. 하지만 이건 이론적 입장일 뿐, 모든 계약이 그렇다는 건 아냐.

더 얘기하고 싶은 계약 방법이 더 많지만 중요하다고 생각하는 계약 방법은 사례를 통해 천천히 그리고 자세히 설명할게.

드디어 계약 의뢰가 왔다,
긴장하지 말자(나라장터)

자, 그럼 이제 계약에 대해 조금은 알았으니, 사례별로 알아보자.

계약 의뢰 공문은 여러 개 접수했는데 어떻게 시작해야 할지 걱정일 거야. 하지만 겁먹지 마. 처음엔 나도 그랬어. 현금출납부도 한 번 작성해 보지 않은 나였지만, 우선 여기저기 물어보며 시작했지. 우선 시작해 보는 거야. just do it.

우리가 다루는 계약은 크게 3가지야.

공사계약, 물품제조(구매)계약, 용역계약.

우선 설명을 위해 물품계약을 위주로 설명할게.

군대도 하나의 사회야. 훈련을 하거나 경계 근무를 할 때도 언제나 필요한 물품들이 많아.

예를 들어 한여름에 너무 더워서 병사들이 더위를 먹고 난리도 아냐. 병사들이 힘들어 하니 사단장님도 에어컨 설치를 검토해 보라고 하실 수도 있어. 그럼 군수처에서 너한테 계약 의뢰를 하겠지? 스탠드형 100대, 벽걸이형 50대를 빨리 구매해 달라고 재촉할 거야. 너는 급한 마음에 헐레벌떡 도시에 있는 가전제품 매장에 달려가 사고 싶겠지만 먼저 고려해야 하는 게 있어.

바로 나라장터(WWW.D2B.GO.KR)라는 사이트야.

나라장터라는 건 조달청에서 운영하는 인터넷 쇼핑몰이라고 생각하면 돼.

우리는 대부분 전방에서 생활하니까 근처 쇼핑몰이 없잖아. 그래서 인터넷을 통해 옷도 사고, 책도 사잖아? 똑같아. 에어컨도 이 사이트에서 살 수 있어. 하지만 다른 사이트에서는 살 수 없어. 왜 그런지는 조금 있다 알려 줄게.

내가 계약업무는 절차와 관련 법령이 중요하다고 얘기했었지? 그럼 나라장터에 대해 좀 더 알아보자. 대체 나라장터는 왜 만들었고 무슨 법을 근거로 했냐?

우선 정부기관에서 조달을 할 때는 각 중앙관서(우리는 국방부)를 통한 중앙 조달이 원칙이야. 하지만 동일한 물품에 대해 모든 중앙관서가 동일한 계약업무를 한다고 생각해봐. 비효율적이고 경제적으로도 바람직하지 않을 거야.

예를 들어 국방부도 에어컨을 별도로 계약하고, 보건복지부도 별도로 계약한다면 국가 입장에서는 똑같은 에어컨을 2번 계약하게 되는 거잖아?

더군다나 똑같은 물건인데 국방부는 100만 원에 사고, 기재부는 80만 원에 산다면 국방부에서는 20만 원 더 비싸게 사는 거지.

그래서 효율적이고 경제적인 조달을 위해 정부는 원칙적으로 중앙조달기관인 조달청을 통해 모든 조달을 수행하도록 하고 있어.

법도 만들었지 「조달사업에 관한 법률」이라는 법이야. 「국가계약법」보다는 많이 보지 않으니까 이런 법이 있다는 것만 알아두면 돼.

조달청은 각 중앙관서가 공통적으로 필요로 하는 물품을 미리 업체들과 단가계약을 하고 나라장터라 불리는 사이트에서 물건을 팔아. 우리가 쿠팡에서처럼 물건을 사는 것처럼 말이야.

나라장터에서 원하는 물품이 있는지 확인하고 주문 버튼만 누르면 끝!!

그럼 며칠 뒤에 언제 어디로 에어컨 납품하면 되냐고 업체에서 연락이 올 거야. 간단하지?

이런 계약만 있다면 계약업무가 참 쉬울 거야.

나라장터에는 없는 것 빼고 다 있다는 화개장터처럼 종류가 많아. 건축자재, 사무용품, 전산용품, 심지어 의약품도 팔지.

그럼에도 불구하고 우리가 필요로 하는 물품이 없거나, 단가가 너무 비싼 경우 별도로 살 수도 있는데 이때 자신이 궁금해 하는 계약 업무를 실제로 하게 돼.

아까 말하지 못한 나라장터 외 다른 인터넷 사이트에서 물건을 살 수 없는 이유에 대해 알려 줄게.

국가가 물건을 살 때에는 물건을 받은 다음 돈을 줘야 해. 우리가 알고 있는 인터넷 구매와는 다르지. 우리가 아는 대부분의 인터넷 사이트는 돈을 먼저 받고 물건을 보내 주는 시스템인데 나라장터는 달라. 아래 표를 보면 이해하기 쉬울 거야.

일반 사이트	인터넷 주문 → 대금지급 → 물품 도착 → 이상 유무 확인
나라장터	인터넷 주문 → 물품 도착 → 이상 유무 확인 → 대금 지급

표에서 보는 것처럼 가장 차이 나는 부분은 대금 지급의 단계야. 물건을 받고 돈을 줘야 하지.

무슨 근거로 이렇게 하는 건지 궁금하지?

국가계약법 시행령 제58조에는 "검사를 완료한 후 계약 상대자의 청구를 받을 날로부터 5일 이내에 대금을 지급하여야 한다."라고 되어 있어. 즉 검사(이상 유무)를 완료해야 돈을 줄 수 있다는 거야.

나라장터가 이런 결제 체계를 갖출 수 있는 건, 바로 대지급이라는 개념 때문이야.

사실 우리가 물건을 받고 대금을 지급하는 대상은 업체가 아니고 조달청이야.

조달청은 부대로부터 대금을 수령하고, 업체에게 전달하는 사람 이라고 이해하면 수월할 거야.

요즘 중고나라 사기가 문제라고 하잖아.

휴대폰을 주문했는데 벽돌을 받는 것처럼, 우리도 에어컨 사려고 1억 원을 줬는데 벽돌 1억 원어치를 받으면 안 되겠지? (나라장터는 정부의 선견지명이라 할 수 있지. 먹튀 금지법)

그리고 내가 생각하는 나라장터의 가장 큰 장점은 계약금액 한도야.

이게 무슨 말이냐면 우리는 물품·계약을 할 때 추정가격 5,000만 원 이상이면 중앙계약 의뢰를 해야 해. 중앙계약은 전문적이고 우리 의 일을 덜 수 있는 장점이 있지만, 계약 체결까지 시간이 오래 걸린 다는 단점이 있어.

근데 나라장터에는 계약금액 한도가 없어. 몇억 원어치를 사도 돼. 아주 맘에 드는 조건이지.

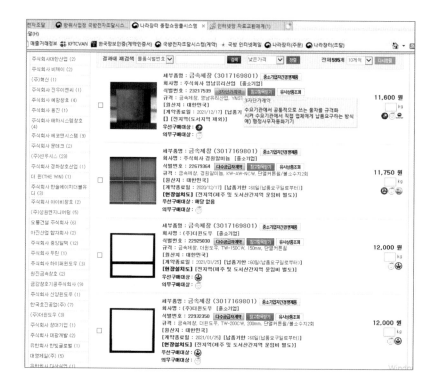

하지만 2가지 사항은 유의해야 해.

조달청 구매 방법은 '다수공급자계약(MAS)'과 '3자단가계약'으로 구분되는데 방법마다 계약 절차가 달라.

첫 번째 다수공급자계약(MAS)은 구매하고자 하는 품목이 5천만 원을 초과할 경우(중소기업자 제품은 1억 원) 2단계 경쟁이라는 것을 해야 해.

두 번째 '3자단가계약' 품목은 조달청에서 이미 단가를 결정한 품목이라 금액의 한도 없이 구매가 가능해. 즉 1억 원이든 10억 원이든 원하는 품목이 있다면 구매해도 된다는 뜻이야. 하지만 '3자단가계약' 품목은 다수공급자계약처럼 2단계 경쟁을 할 수 없어.

그럼 조금 더 '다수공급자계약(MAS)' 절차에 대해 알아보자.

건물 신축 공사를 하는데 예산 2억 원어치의 창호가 필요했어. 나라장터에 조회를 하니 '다수공급자계약(MAS)' 품목도 있고 '3자단가품목'도 있는 거야.

이럴 때는 어떻게 해야 할까?

간단해. 우리가 원하는 사양의 물품이 3자 단가가 있을 경우 바로 구매하면 되지만, 3자단가계약 품목이 없을 경우 '다수공급자계약(MAS)' 품목을 지정하면 돼.

그럼 '다수공급자계약(MAS)'는 어떻게 하는 걸까?

앞서 말했지만 다수공급자계약 품목은 5천만 원 이상인 경우 2단계 경쟁을 해야 해.

계약 장교가 2개 업체에 제안 요청서를 요구하면, 나라장터 시스템은 지정된 업체 외 3개 업체를 추가적으로 선정해서 총 5개의 업체에게 제안 요청서를 보내. [다수공급자계약(MAS)시 제안서는 불가피한 경우를 제외하고 반드시 5개 업체 이상으로 해야 해]

총 5개 업체는 우리가 요구한 일자에(통상 요청일로부터 5일 후) 제안서를 발송했고 우리는 조달청에 등록된 단가에서 업체별로 제시한 할인율을 곱해서 가장 저렴한 곳을 대상으로 계약을 체결하면 돼.

이런 절차를 거치는 이유는 업체별로 나라장터에 등록한 단가가

대량 구매를 전제로 한 가격이 아니기 때문이야. 우리도 시장에서 콩나물을 살 때 많이 사면 좀 깎아 주잖아. 똑같아, 많이 사니까 깎아 주세요!

물론 1억 원 미만일 경우에는 바로 사면 돼. 하지만 1억 원 이상인데 견적서 받기가 귀찮다는 이유로 두 번에 걸쳐 사는 건 안 돼.

이처럼 나라장터는 절차도 간편하고 시간도 절약해 주는 장점이 있어.

군수처에서 재촉할 때 괜히 고민하는 것처럼 있다가 나라장터를 통해 구매해 봐. 능력 있는 계약 장교로 소문날 거야.

특정 제품을 구매할 수 있을까?
(특정 제품 구매)

난 프리미어리그에서 손흥민이 골을 넣거나, 뉴욕 타임스퀘어 거리에 삼성 광고가 나오면 가슴 안쪽이 찌릿찌릿한 애국심을 느껴. 이걸 요샛말로 '국뽕'이라고 하지.

그리고 요즘 한류가 대세잖아? 요즘은 미국이나 일본에서 물 건너왔다고 해서 좋은 게 아니라는 걸 너도 알거야. made in korea도 훌륭하지.

그래서 이번에는 특정 제품만 구매 가능한지 알아볼게.

내가 어릴 적 우리 집에서는 항상 농심라면만 먹었어. 우리 엄마는 '라면은 농심'이라며 항상 안성탕면만 질리도록 사오셨는데, 지금 생각해 보면 그때 당시 안성탕면이 제일 싸서 그런 게 아닐까 의심이 들어. 그래서 난 지금도 안성탕면을 잘 안 먹어.

본론으로 들어가서 내가 계약 장교를 할 때 노후 PC 교체 사업이 있었어. 계약금액도 몇억 원이나 돼서 지휘부와 업체들의 관심이 컸었어. 당시에는 삼성·LG 말고도 여러 중소기업 제품이 인기 있던 시절이라 용산 전자상가에만 가도 높은 사양의 조립 컴퓨터를 저렴한 가격에 살 수 있었는데, 의뢰된 내역서를 검토하다 보니 무조건 삼성 제품만 납품이 가능하다는 거야.

물론 나도 안성탕면처럼 컴퓨터도 당연히 삼성이 제일 좋다고 생각했어. 중소기업 제품도 좋지만 비싸더라도 좋은 삼성 제품을 사야 된다고 생각했지. 좋은 컴퓨터를 써야 나도 일할 때 편하니까. 하지만 검토 결과는 내 생각과는 약간 달랐는데, 결론부터 말하자면 살 수도 있고, 사지 못할 수도 있어.

이 문제를 이해하려면 유권해석에 대해 알아야 해.
유권해석은 해당 법을 담당하는 국가기관(중앙부처)에 의해 행해지는 구속력 있는 법의 해석인데, 간단하게 말하면 이해하기 애매한 법률 조항을 명확하게 해석한 거라 생각하면 돼.

특정 사양 물품을 구매할 수 있는지에 대한 유권해석은 2가지가 있어.

정부계약의 경쟁성 제고를 위한 회계 통첩(회제 41301-965, 2002. 7. 18)

□ 정부계약은 일반 경쟁계약을 원칙으로 하고, 실적이나 기술 보유 상황 등으로
경쟁 참가자의 자격을 제한하고자 할 경우 과도한 제한이나 이중 제한을 금해
야 한다.

  ○ 특정한 명칭의 실적으로 제한함으로써 유사한 실적이 있는 자의 입찰참가
  기회를 제한하는 사례

  ○ 당해 공사 이행에 필요한 수준 이상의 준공 실적을 요구하는 사례

  ○ 입찰 조건, 시방서 등에서 정한 규격·성능·품질과 동등 이상의 물품을 납품
  한 경우

  ○ 특정 상표(모델)가 아니라는 이유로 납품을 거부하는 사례

  ○ 물품의 제조·구매 입찰 시 부당하게 특정 상표 또는 특정 규격(모델)을 지정하
  여 입찰에 부치는 사례

첫 번째 유권해석은 당연히 특정 제품만을 공고해서도 안 되고 납
품받아서도 안 된다는 내용이야. 예를 들어 PC 구매 공고를 낼 때 삼
성만 납품하라고 해서도 안 되고, 조립 컴퓨터를 가져왔다고 해서 납
품을 거부해서도 안 된다는 거야.

반면, 두 번째 유권해석은 약간 다른 내용이야.

물품계약(특정 상표 또는 규격) **관련 질의**(회계제도과-896)

문: 전자수의계약 공고로 물품계약을 체결하는 경우 특정 상표 또는 규격의
물품으로 지정하여 납품받을 수 있는지 여부

답: 국가를 당사자로 하는 계약에 관한 법령상 수의계약의 전자 공개 경쟁 방식에 대하여는 별도로 규정을 하고 있지 않으며, 국가기관이 동법 제7조 및 동법 시행령 제26조의 규정에 의하여 체결하는 수의계약은 계약의 긴급성 및 계약 상대자의 필요성 등의 사유에 따라 특정인과 계약을 체결할 수 있도록 하는 제도인바, 정부에서 집행하는 경쟁입찰의 공정성을 제고하기 위하여 우리 부에서 시달한 "정부계약의 경쟁성 제고를 위한 회계 통첩(회제 41301-965, 2002.7.18.)"의 내용은 수의계약의 경우에 적용되지 않는 것임을 알려드립니다.

이건 또 된다고 하네? 이건 왜 되는 거지?

정리해 보면, 일반 경쟁계약을 할 때는 특정 제품을 기재함으로써 정당한 경쟁의 기회를 박탈하면 안 되지만, 경쟁을 하지 않는 수의계약의 목적은 업체 간의 건전한 경쟁이 아니라, 불가피하게 특정 업체 또는 특정 제품을 구매하도록 하는 제도이기 때문에 가능하다고 이해하면 돼.

그러면 이런 궁금증이 또 생겨.

"전자 공개 수의계약도 다수의 업체로부터 견적서를 받으니 경쟁 아닌가?"

우리는 흔히 전자 공개 수의계약이 경쟁계약이라고 착각하는 경우가 많아. 공고를 게시하고 입찰서(견적서)도 내는 절차가 경쟁계약과 비슷하니까….

하지만 전자 공개 수의계약도 엄연히 수의계약의 한 방법이야.

국가계약법에서는 수의계약의 금액 한도를 "물품의 경우 추정가격 5천만 원 이하"일 경우 가능하다고 되어 있지만, 국방부 계약업무 처리훈령에는 "추정가격이 2천만 원 이상"일 경우 전자 공개 수의계약을 하도록 되어 있지.

구 분	수 의 계 약		일반 경쟁
	비공개 수의계약	전자공개 수의계약	
금 액 범 위	추정가격 2천만 원 미만	추정가격 2천만 원 이상 ~ 5천만 원 미만	추정가격 5천만 원
특정제품 구 매	가 능		불 가
관련 근거	국방부 계약업무 처리훈령		국가계약법

자 결론! 그럼 어떻게 하면 될까…

우선 계약 의뢰된 금액이 전자 공개 수의계약 범위라면(추정가격 2천만 원~5천만 원) 특정 제품을 납품하라고 명시하면 돼. 아마 얼마 뒤에 업체한테 연락이 올 거야. 특혜나 비리가 있는 게 아니냐고… 그럼 친절하게 유권해석을 알려주면 아무 말 못 할 거야.

하지만 공개 수의계약이 아닌 일반 경쟁을 해야 한다면, 어쩔 수 없이 특정 물품을 지정해선 안 돼.

그럼 어떻게 사양서를 작성하냐고? 그럴 때 좋은 팁을 하나 알려줄게.

원하는 삼성 pc 사양을 다 기재하고, 맨 마지막에 "해당 사양 이상 납품 가능"이라고 기재하면 돼. [단, 삼성에서만 만들 수 있는 PC를 기재해선 안 돼(특허 등). 그럼 공고를 낼 의미가 없잖아. 반드시 삼성 PC가 필요하다면 공고가 아니라 비공개 수의계약을 해야 해]

그럼 삼성도 입찰 참여 가능하고, 중소기업도 참여가 가능하지. 이렇게 했음에도 불구하고 사양에 맞는 조립 PC를 가져온다면 당연히 받아야 해.

끝으로 한 가지만 당부할게.

개인적으로 물건을 구입할 때는 당연히 대기업에서 만든 예쁘고 인기 좋은 물건을 고를 수 있어.

하지만 우리는 국가의 예산을 투명하고 적법하게 집행하는 사람이야. 그리고 국가 예산은 국민의 소중한 세금으로 만들어지기 때문에 가능한 국민에게 돌아가야 해.

중소기업도 국민들이 땀 흘려 일하는 곳이야. 그렇기 때문에 필요하지도 않은 과도한 사양을 요구하기보단 적당한 사양을 적정한 금액으로 계약하는 게 중요하다는 것을 알았으면 해.

계약은 언제까지 체결해야 하나?
(계약 행정 기간)

오늘은 소복소복 눈이 내리는 날이야.

이런 날은 따뜻한 커피 한 잔과 감미로운 클래식을 들으며 창문 밖에 내리는 눈과 함께 추억에 젖어야 하는데….

군인으로 산다는 것은 어쩌면 감성을 잃어가는 과정인 것 같아. 어릴 적에는 시원하게 내리는 한여름 소나기를 보거나 크리스마스 첫눈을 맞을 때면 가슴 한쪽 달달한 감정을 느꼈지만, 지금은 여름철 장마에 공사가 제대로 안 되면 어쩌나, 겨울철 혹한기에는 물 공사가 중지되지 않을까 하는 걱정뿐인 것 같아.

지금부터는 계약 행정 기간에 대해 알아볼 거야.

먼저 계약 행정 기간이라고 하는 것은 법률적 용어는 아니지만, 계약 의뢰를 받고 계약 체결까지의 시간이라 생각하면 돼. 짧게는 며칠이면 되지만 길게는 몇 달이 걸릴 수도 있어. 계약 체결이 늦으면 늦을수록 계약 이행 기간은 짧아지고 대금도 늦게 나갈 수밖에 없지. 그렇기 때문에 계약 행정 기간을 미리 예상하고 최소화하는 것이 중요해.

우선 계약 의뢰 공문을 접수하고 언제까지 계약 방법을 결정해야 하는지 알아보자.

계약 의뢰 부서에서는 우리가 빨리 계약을 해주길 바라지. 오전에 계약 의뢰하고 오후에 체결됐는지 물어볼 정도지.

사실 여기에 대한 명확한 규정은 없어. 언제까지 내가 고민할 수 있을지, 계약 추진 계획 보고는 언제까지 해야 되는지 정해진 건 없기 때문에 내가 일정을 판단하고 결정해야 해.

'국군재정단 계약업무처리절차'에는 중앙 계약을 의뢰하는 경우 공사는 착공일로부터 40일 전까지, 물품은 계약 체결 예정일로부터 30일 전까지 의뢰토록 되어 있지만 이건 계약을 대행하는 재정관리단 입장에서 계약을 효율적으로 하기 위해 정한 시일일 뿐 모든 부대에 적용되는 건 아냐.

나 같은 경우에는 계약 의뢰를 받으면 적어도 2~3일은 필요했어.
개인적으로 계약 의뢰를 접수하면 최초 내역 검토가 가장 중요하다고 생각했기 때문에 설계 내역과 도면(사양서)을 꼼꼼히 확인하기 위해 시간이 필요했어.

가장 적절한 계약 방법을 찾는 것이야말로 향후 발생 가능한 문제를 사전에 방지할 수 있기에 가능한 많은 시간을 투자했어. (내가 마음이 급해서 대충 검토하면 계약도 공사도 대충하게 돼)

계약 의뢰 검토가 끝났다면 다음으로 입찰공고 기간에 대해 결정해야 하는데, 이 과정에서는 공고 기간에 대한 국가계약법의 규정을 알아야 해.

만약 계약 의뢰 금액이 추정가격 2천만 원이 넘을 경우 최소한 공개 수의계약을 체결해야 해. 이때 입찰공고(안내공고) 기간은 얼마로 해야 할까? 휴일은 포함하나 말아야 하나? 여러 가지 고민이 생길 거야.

국가계약법 제35조(입찰공고의 시기)

① 입찰공고는 입찰서 제출 마감일의 전일부터 기산하여 7일 전에 이를 행하여야 한다.

④ 제1항부터 제3항까지의 규정에도 불구하고 다음 각호의 어느 하나에 해당하는 경우에는 입찰서 제출 마감일의 전날부터 기산하여 5일 전까지 공고할 수 있다.

1. 제20조 제2항에 따른 재공고 입찰의 경우
2. 다른 국가사업과 연계되어 일정 조정을 위하여 불가피한 경우
3. 긴급한 행사 또는 긴급한 재해 예방·복구 등을 위하여 필요한 경우
4. 그 밖에 제2호 및 제3호에 준하는 경우

국가계약법에서 정한 경쟁계약의 입찰공고 기간은 최소 7일이야. 재공고를 내거나 긴급을 요하는 경우 5일까지 단축할 수 있어.

하지만 공개 수의계약의 경우 견적서 제출 마감일 전일로부터 3일이야.

처음이니까 이해하기 쉽게 달력으로 설명할게.

첫 번째 경쟁계약의 경우야.

일	월	화	수	목	금	토
2.7	2.1 입찰공고	2.2 7일	2.3 6일	2.4 5일	2.5 4일	2.6 3일
2.14 2일	2.8 1일	2.9 입찰서 제출마감	2.10	2.11	2.12	2.13

공고 기간을 계산할 때는 입찰서 제출 마감일 전일인 2월 8일(월)부터 거꾸로 세는 게 편해.

예를 들어 2월 1일(월) 입찰공고를 내려고 하는데 중간에 휴일이 있어. 포함해야 하냐고?

국가계약법에서는 공고 시기에 대한 내용 중 휴일을 포함해야 되는지 여부가 언급되어 있지 않아. 그래서 민법을 참고해야 해야 하는데, 민법의 기간 계산법에서는 말일이 휴일인 경우 그다음 날까지 계산한다는 내용이 있어. 간접적으로 휴일을 포함한다고 명시되어 있는 거지.

이렇게 검토한 결과 2월 1일(월) 공고를 낸다면 입찰서 제출 마감일은 2월 9일(화)이 되는 거야.

재공고 입찰이나 긴급 공고의 경우 공고 기간이 5일이기 때문에 2월 1일(월)일 공고를 낸다면 입찰서 제출 마감일이 일요일이야. 그럼 당연히 2월 8일(월)로 연장되는 거야.

다음은 공개 수의계약 시 안내공고 기간이야.

일	월	화	수	목	금	토
2.7	2.1	2.2	2.3	2.4 안내공고	2.5 3일	2.6 제외
2.14 제외	2.8 2일	2.9 1일	2.10 견적서 제출마감	2.11	2.12	2.13

2월 4일(목) 안내공고를 낸다면 2월 10일(수)에 개찰을 할 수 있어. 국방부 계약업무처리훈령 제11조의 2에서는 견적서 제출 마감일 전일로부터 기산하여 3일까지 공고하도록 명시하고 있어.

그렇기 때문에 사실상 경쟁계약의 긴급 공고와 비슷하지만 휴일을 제외한다는 차이점이 있어.

어때 이해되지? 조금 더 쉽게 기억하는 방법에 대해 알려줄게.
○ 경쟁계약 기본: 9일(공고일 1일 + 공고 기간 7일 + 입찰일 1일)
○ 경쟁계약 긴급: 7일(공고일 1일 + 공고 기간 5일 + 입찰일 1일)
○ 공개 수의계약: 5일(공고일 1일 + 공기 기간 3일 + 입찰일 1일)(단, 휴일 제외)

지금까지 공고를 이상 없이 내고 입찰도 정상적으로 실시했어. 그럼 다음 단계인 적격심사 기간에 대해 알아보자

일부 계약 장교들은 적격심사 기간 계산과 방법에 대해 깊게 생각하지 않아 종종 곤란한 상황에 빠지기도 해. 대부분 1순위가 적격심사 대상이 되고 특별한 사유가 없는 한 낙찰자로 결정되기 때문에 고민을 하지 않는 거지.

그런데 만약에 1순위가 탈락한다면 어떻게 하지?
적격심사에 대한 규정은 다음과 같아.

군 시설공사 적격심사기준에 관한 훈령 제8조(제출서류 등)
① 자료 제출의 요구를 받은 경우에는 7일 이내에 다음 각호의 서류를 제출하도록 한다.
기술용역 적격심사기준에 관한 훈령 제7조(제출서류 등)
① 계약 담당 공무원은 적격심사 대상자에게 적격심사 서류 제출 통보서를 접수한 날로부터 특별히 정한 기일이 없는 한 7일 이내에 제2항 각호의 관련 서류를 첨부한 적격심사 신청서를 국방전자조달(D2B) 시스템을 통해 제출하도록 하여야 한다.

일반용역 적격심사기준에 관한 훈령 제7조(제출서류 등)

② 제1항의 경우 적격심사에 필요한 서류를 제출하도록 요구하되 그 제출 기한을 분명히 해야 하며 제출 기한은 입찰자가 통보받은 날부터 5일 이상으로 하여야 한다.

물품 적격심사기준에 관한 훈령 제7조(제출서류 등)

② 제1항의 경우 적격심사에 필요한 서류를 제출하도록 요구하되 그 제출 기한을 분명히 해야 하며 제출 기한은 입찰자가 통보받은 날부터 5일 이상으로 하여야 한다.

「중소기업자 간 경쟁 제품 중 물품의 구매에 관한 계약이행능력심사 세부기준」 개정 전문

② 서류 심사가 필요한 경우 서류 심사 대상자로 통보 받은 입찰자는 통보서를 접수한 날로부터 특별히 정한 기일이 없는 한 7일 이내에 다음 각호의 관련 서류를 첨부한 이행능력심사 신청서를 제출하여야 한다.

예를 들어보자.

A사단 박주욱 대위는 공사계약 입찰 결과 입찰 참여자가 많아서 1~100순위까지 적격심사 대상자가 있었어. 계약을 빨리 체결할 생각으로 1순위한테만 적격심사 서류를 제출하라고 요구했는데 업체는 서류 제출 요구를 받은 날로부터 7일이 돼서야 적격심사 서류를 제출한 거야. 근데 이게 웬걸? 낙찰이 되지 않았어. 당황한 나머지 2순위에게 또 자료를 요구했지만 7일이 지나도록 서류를 내지도 않았어. 시간이 없는 박주욱 대위는 3순위에게 당장 내일까지 서류를 내라고 했지만 업체는 왜 재촉하느냐고 난리야.

반면 B사단 최희림 대위는 처음부터 1순위부터 5순위에게 적격심사 서류를 제출하라고 했고, 7일이 되었을 때 1순위·3순위·4순위가 서류를 냈어.

2순위 자는 서류를 내지 않았는데 괜찮냐고? 당연하지. 최희림 대위는 서류를 내라고 안내했지만 업체가 내지 않은 거야. 낙찰받을 마음이 없다고 생각해 버리면 그만이야.

적격심사평가 결과 1순위가 낙찰이 안 됐네? 하지만 걱정 없어. 후순위자도 서류를 냈기 때문에 곧바로 3순위와 4순위를 대상으로 평가를 했고, 3순위 자가 낙찰되었어.

두 사례를 비교해 보면 아주 사소한 절차가 큰 차이를 발생했다는 걸 알 수 있어.

박주욱 대위는 1순위만 적격심사를 할 생각이었지만 결론적으로 낙찰자 결정에 한 달 가까이 소비해야 했고, 최희림 대위는 7일 만에 낙찰자를 결정했지. 아마 최희림 대위는 참모에게 칭찬을 받았을 거야.

이처럼 적격심사는 규정에 맞는 평가도 중요하지만 서류를 받는 것도 중요할 수 있다는 걸 알아둬.

마지막으로 계약 체결이야.

낙찰자까지 결정한 마당에 계약서에 도장 찍는 시간은 대수롭지 않게 생각할 수도 있지만 그렇지 않아.

> **공사 입찰 유의서 제19조**(계약의 체결)
> ① 낙찰자는 계약 담당 공무원으로부터 낙찰 통지를 받은 후 10일 이내에 소정 서식의 계약서에 의하여 계약을 체결하여야 한다.
>
> **용역 입찰 유의서 제16조**(계약의 체결)
> ① 낙찰자는 계약 담당 공무원으로부터 낙찰 통지를 받은 후 10일 이내에 소정의 서식에 의한 계약서에 의하여 계약을 체결하여야 하고 그 낙찰 금액에 대한 산출 내역서를 착수 신고서 제출 시까지 계약 담당 공무원에게 제출하여야 한다.
>
> **물품 구매**(제조) **입찰 유의서 제17조**(계약의 체결)
> ① 낙찰자는 소정 서식에 의한 구비서류 및 낙찰 금액의 산출 내역을 표시하는 내역서(이하 "산출내역서"라 한다)를 낙찰 통지를 받은 후 7일 이내에 발주기관에 제출하고 10일 이내에 계약을 체결하여야 한다.

계약 체결 기한은 낙찰 통지를 받은 날로부터 10일 이내에 하도록 되어 있어. 물론 업체와 협조를 잘해서 낙찰자 결정 다음날 바로 계약을 체결할 수도 있어. 하지만 법령상 계약 체결 기한은 10일 이내이기 때문에 아무리 급하다 해도 다그칠 수는 없어.

참고로 이 조항에는 의미 있는 문구가 있어.

산출 내역서를 낙찰자가 작성하고 제출하도록 되어 있는데 이건 왜 그럴까?

보통 산출 내역서는 계약 장교가 작성해서 보내 주고 있는데 말이야.

이유는 바로 지체상금 등 계약 관리 부분에 있어 문제가 될 수 있기 때문이야.

예를 들어 2가지 산출 내역서가 있어.

산출 내역서 1 (계약 장교 작성)				산출 내역서 2 (낙찰자 작성)			
			단위 : 원				단위 : 원
품 목	수량(개)	단가	금 액	품 목	수량(개)	단가	금 액
책상	100	120,000	12,000,000	책상	100	110,000	11,000,000
의자	100	100,000	10,000,000	의자	100	110,000	11,000,000
계	-	-	22,000,000	계	-	-	22,000,000

어때 계약 총액이 같기 때문에 전혀 문제될 게 없어 보이지?

근데 업체가 책상 100개를 납품 기한보다 하루 늦게 가져왔다고 가정해 보자. 지체상금을 계산하고 부과해야 하는데 여기에서 문제가 발생해.

구 분	수량	단가	지체일수	지체상금률	지체상금
산출 내역서 1	100	120,000원	1	0.075%	9,000원
산출 내역서 2	100	110,000원	1	0.075%	8,250원
차 이					750원

업체가 산출 내역서를 작성했다면 지체상금은 8,250원인데 계약 장교가 작성한 지체상금은 9,000원이야. 업체로서는 손해를 보게 되지.

실제 사례에서는 지체상금이 몇천만 원이 되는 경우도 있기 때문에 사소한 차이라도 간과해서는 안 돼. 업체는 계약 체결 당시 시중 가격을 고려해서 산출 내역서를 작성해야 하는데 바쁘다는 이유로 계약 장교가 대신 작성하는 경우가 더러 있어.

산출 내역서 작성은 업체의 의무이면서 권리라는 걸 잊지 말았으면 해.

그럼 전체적으로 정리해 볼까?

○ 공개 수의계약 시 계약 행정 기간

구분	계약 의뢰 검토	공고~낙찰자 결정	계약 체결	총 소요일
최소	2일	5일	1일	8일
최대	3일	7일	10일	20일

○ 경쟁계약 기본 계약 행정 기간

구분	계약 의뢰 검토	공고~개찰	적격심사	계약 체결	총 소요일수
최소	2일	9일	1일	1일	13일
최대	3일	9일	7일	10일	29일

○ 경쟁계약 긴급 계약 행정 기간

구분	계약 의뢰 검토	공고~개찰	적격심사	계약 체결	총 소요일수
최소	2일	7일	1일	1일	11일
최대	3일	7일	7일	10일	27일

마지막으로 계약 행정 기간은 법에서 규정된 기간일 뿐 융통성을 가질 부분도 많다는 것을 알려주고 싶어. 계약 의뢰 검토 기간을 줄이기 위해 공문으로 접수받기 전에 미리 설계 내역을 확인해 준다던가, 업체와 협조를 잘 해서 계약 체결 기간을 줄일 수도 있어. 부대가 바빠 불가피하게 계약을 빨리 추진해야 한다면 조절이 가능해.

하지만 스피드보다 정확성이 더 중요해. 뭐든 빨리하다 보면 실수가 생기기 마련이고 그러다 보면 후속 조치하느라 시간이 더 많이 소모되지.

급할수록 커피 한 잔 손에 들고 여유를 가져봐. 잘 될 거야.

누구 떡이 더 맛있나, 맛보고 결정할게
(2단계 경쟁입찰)

혹시 떡 좋아해?

난 어릴 때부터 떡을 좋아해서 우리 엄마는 날 떡돌이라 불렀어. 쑥떡, 찹쌀떡, 시루떡 등 떡을 너무 좋아하다 보니 웬만한 떡 레시피는 알고 있을 정도야.

하루는 육군본부에서 매월 생일을 맞은 용사들을 위해 떡 케이크를 보급하라고 예산이 내려왔어. 나는 떡이라면 일가견이 있었기에 다른 부대보다 맛 좋은 떡을 계약하리라 다짐했지.

그런데 명쾌한 방법이 떠오르지 않았어. 지금까지 내가 한 계약 방법은 공고문에 "○○ 물건을 삽니다…"라고 기재하면 딱 거기에 맞는 물건이 납품되었거든. 하지만 이 계약은 물건을 먼저 보고 맛과 질을 판단해야 하는 거였어.

즉 내가 원하는 떡을 글로만 표현할 수 없다는 거지.

어떻게 글을 통해 맛을 표현할 수 있지?

"한 번 씹으면 고명이 부드럽게 터지면서 누구나 '아!' 하고 감탄사를 낼 수 있는 맛!"

"부드러운 반죽에 고명이 송송송 올려진 직경 30cm 정도의 맛좋은 떡 케이크!"

이상하잖아… 아무리 생각해도 글로서는 맛을 표현할 수 없었어.

깨끗이 씻은 쌀을 3시간 이상 물에 부풀린 후 물기를 쫙 빼준 다음 시루에 안치고 20분 정도 쪄준 뒤 5~10분 정도 뜸을 들인 후 꺼낼 것. 대추, 호박, 고물, 팥, 잣 등으로 고명을 해주고 예쁜 장식을 할 것.

이것도 이상해… 이건 떡 레시피지 요구 조건이 아니잖아.

머리 싸매고 고민했지만 마땅한 방법이 떠오르지 않았어. 그냥 대충 아무거나 계약할 수도 있었지만 떡돌이 자존심이 허락하지 않았어. (그래! 먼저 맛을 보고 맛을 통과한 업체를 대상으로 입찰에 참여하게 하자!)

결론적으로 내가 생각한 방법은 2단계 경쟁이었어. 그리고 곧바로 공고문을 작성했지.

- 품평회 일시 / 장소: 00.00.00(금), 14:00 / 사령부 회의실
- 품평회 기준: 맛·모양·크기를 심사하며, 심의위원 7명 중 4명 이상 동의 시 합격
- 기타: 가격입찰은 품평회에 합격된 업체에 한하여 실시, 품평회 결과 합격자가 1인일 경우 유찰

일반경쟁과 뭐가 다른지 이해하기 힘들 거야. 그럼 2단계 경쟁입찰에 대해 자세히 알려줄게.

시행령 제18조(2단계 경쟁 등의 입찰)

① 각 중앙관서의 장 또는 계약 담당 공무원은 물품의 제조·구매 또는 용역계약에 있어서 미리 적절한 규격 등의 작성이 곤란하거나 기타 계약의 특성상 필요하다고 인정되는 경우에는 먼저 규격 또는 기술입찰을 실시한 후 가격입찰을 실시할 수 있다.

② 제1항의 경우 규격 또는 기술입찰을 개찰한 결과 적격자로 확정된 자에 한하여 가격입찰에 참가할 수 있는 자격을 부여하여야 한다.

③ 각 중앙관서의 장 또는 계약 담당 공무원은 제1항 및 제2항의 규정에 불구하고 물품의 제조·구매 또는 용역계약의 특성 등에 따라 필요하다고 인정되는 경우에는 규격과 가격 또는 기술과 가격입찰을 동시에 실시할 수 있으며, 이 경우 규격입찰 또는 기술입찰을 개찰한 결과 적격자로 확정된 자에 한하여 가격입찰을 개찰하여야 한다.

④ 각 중앙관서의 장은 제1항 내지 제3항의 규정에 의한 입찰을 실시하고자 할 때에는 입찰 전에 평가기준 및 절차 등을 정하여 입찰에 참가하고자 하는 자가 이를 열람할 수 있도록 하여야 한다.

⑤ 제3항의 규정에 의하여 가격입찰서를 개찰한 결과 낙찰자를 결정할 수 없는 경우로서 규격 적격자 또는 기술 적격자가 2인 이상인 때에는 그 규격 적격자 또는 기술 적격자에게 가격입찰서를 다시 제출하게 할 수 있다.

조항에서 보는 것처럼 2단계 경쟁입찰은 두 가지 방법이 있어.

첫 번째 방법은 ① 품평회(기술입찰) 먼저하고 → ② 합격자를 대상으로 가격입찰서를 접수받아 → ③ 가격입찰을 하는(개봉) 방법.

두 번째는 '분리동시입찰'이라고도 부르는데 ① 가격입찰서를 먼저 받아놓고(미개봉) → ② 품평회(기술입찰)를 한 후 → ③ 가격입찰을 하는(개봉) 방법.

어째 비슷하지? 하지만 결정적인 차이가 있어.

첫 번째 방법은 품평회 결과 합격자가 1명인 경우에는 가격입찰 없이 바로 유찰이고, 처음부터 다시 공고를 내야 하지.

하지만 두 번째는 품평회 결과 합격자가 1명이라도 가격입찰을 실시할 수가 있어.

그리고 2단계 경쟁계약은 낙찰자를 결정하는 방법도 달라. 대부분의 계약은 낙찰하한율을 적용하거나 적격심사를 통해 결정하는데, 2단계 경쟁은 최저가야.

> **시행령 제42조**(국고의 부담이 되는 경쟁입찰에서의 낙찰자 결정)
> ① 각 중앙관서의 장 또는 계약 담당 공무원은 국고의 부담이 되는 경쟁입찰의 경우에는 예정가격 이하로서 최저가격으로 입찰한 자의 순으로 계약이행능력 및 기획재정부 장관이 정하는 일자리 창출 실적 등을 심사하여 낙찰자를 결정한다.
> ③ 각 중앙관서의 장 또는 계약 담당 공무원은 제1항에 불구하고 제18조에 따른 입찰의 경우에는 예정가격 이하로서 최저가격으로 입찰한 자를 낙찰자로 결정한다.

간혹 계약을 잘 모르는 업체는 적격심사를 하는 줄 알고 가격입찰서를 작성할 때 낙찰하한율을 고민하는 경우가 있어. 2단계 경쟁입찰은 최저가격이기 때문에 예정가격 이하 최저가격으로 입찰한 사람이 낙찰받는 거야. 좀 과장해서 말하면 입찰서에 0원을 써도 낙찰이 돼.

(0원 입찰도 유효한 입찰이야. 그냥 참고만 해)

우리 부대 품평회는 5개 업체가 참여했고 3개 업체가 맛을 인정받아 가격입찰을 했어. 그리고 최저가격으로 입찰한 1개 업체가 낙찰이 되었지. 참모님도 좋은 업체를 선정했다고 좋아하셨어. 덕분에 내 어깨에 힘이 꽉꽉 들어갔지.

그래서 모든 게 잘 됐냐고? 아니…

계약 체결 이후 낙찰 업체는 품평회를 통과한 맛있는 케이크가 아니라 품질이 엉망인 물건을 종종 납품했어. 품평회만 통과하자는 식이었던 거지. 나는 여러 번 업체에 항의했고 케이크 반품도 자주 있었어.

모든 계약이 그렇겠지만 2단계 경쟁입찰을 할 때는 특히 검수를 잘해야 해. 구체적이고 적절한 규격 작성이 어려워 2단계 경쟁입찰을 했지만 검수할 때도 명확한 규정이 없기 때문에 지속적으로 관심을 가져야 해.

우리 동네 업체만 입찰에 참여하게
할 수는 없을까? (지역 제한)

계약 장교로 일하다 보면 내가 선호하는 입찰 방법이 있다는 걸 알게 돼. 비공개 수의계약을 할 수 있음에도 불구하고 무조건 공고를 낸다거나, 공개 수의계약을 할 수 있는데도 일반경쟁으로 공고를 내는 경우가 많지. 사람마다 관점이 다르고, 입찰 방법마다 장단점이 있어서 어떤 게 정답이라고 할 수는 없어.

나도 예전에는 공개 수의계약을 정말 싫어했어. 공개 수의계약은 말이 수의계약이지 공고문도 만들어야 되고 입찰서(견적서)도 받기 때문에 일반경쟁하고 비슷하고 업무량도 차이가 별로 없어. 심지어 공고 나가기 무섭게 업체들은 내용을 확인도 하지 않고 견적서를 제출하기 때문에 참여 업체들도 상당히 많아.

제일 피곤했던 것은 개찰을 하면 낙찰 순위가 결정되는데 거의 100개 업체가 넘어. 그럼 나는 1순위부터 계약을 체결하겠다는 업체가 나올 때까지 일일이 전화하며 물어봐야 하지.

1순위가 바로 계약을 하겠다면 다행이지만, 대부분 검토할 시간을 달라 그래.

나: 안녕하세요. ○○부대 계약 장교인데요. 운동화 구매공고 관련해서 전화드렸습니다. 1순위가 계약을 포기했는데 계약하시겠어요?

2순위 업체: 운동화 공고가 뭐죠? 언제까지 뭐 납품하는 거예요?

나: (이때부터 완전 짜증) 아… 30일 안에 운동화를 ○○부대로 납품하는 겁니다.

2순위 업체: 사장님한테 여쭤보고 나중에 연락드릴게요. (뚜뚜뚜…)

2순위 업체: (이틀 뒤) 사장님이 못 하시겠데요. 죄송합니다. (뚜뚜뚜…)

아니 내역 검토는 견적서 내기 전에 해야지 왜 지금 한다는 거야? 화가 나지만 어쩔 수 없어. 기다려야 해. 1순위가 포기하면 2순위한테 전화하고 3순위 4순위 낙찰자가 나올 때까지 전화해야 해….

처음엔 낙찰자가 계약을 체결하지 않기 때문에 부정당 업자 제재 건의를 하려고 했어. 나중에 설명하겠지만 수의계약은 입찰서를 받는 게 아니라 견적서를 받는 개념이기 때문에 부정당 업자 제재를 할 수 없어. 공개 수의계약도 수의계약이지. 업체 입장에서는 낙찰받고도 돈이 안 되겠다 싶으면 포기하면 그만이야. 그래서 내가 공개 수의계약을 안 좋아했어.

하지만 이런 단점을 줄일 수 있는 방법이 있어.

입찰에 참여할 수 있는 업체 범위를 줄이는 것인데 흔히 지역 제한이라 불러. 지금부터 지역 제한의 개념에 대해 알려줄게.

지역 제한은 국가계약법 시행령 제21조와 시행규칙 제25조에 나와 있어.

시행규칙 제25조(제한 경쟁입찰의 제한기준)

③ 영 제21조 제1항 제6호에 따라 법인 등기부상 본점 소재지를 기준으로 제한 경쟁입찰에 참가할 자의 자격을 제한하는 경우에는 법인 등기부상 본점 소재지가 해당 공사 등의 현장·납품지 등이 소재하는 특별시·광역시·특별자치시·도 또는 특별자치도의 관할 구역 안에 있는 자로 제한해야 한다.

난 처음에 이 짧은 문장도 이해가 잘 안 됐어.

쉽게 말해 우리 부대가 강원도 홍천군에 있는데 본점이 강원도에 있는 업체만 입찰에 참여할 수 있다는 뜻이야. 간혹 경기도 및 강원도로 지정하는 경우가 있는데 그러면 안 돼. 강원도 아니면 전국이야. "양양, 속초, 태백도 강원도인데 그러면 지역 제한 의미가 없잖아?"라고 궁금할 수도 있어.

하긴 강원도에는 태백산맥도 있고 거리도 멀어서 납품이 힘든 지역도 많아. 네 말대로 강원도 태백에 있는 업체가 낙찰되면 홍천까지 납품하러 오는데 2시간이 넘게 걸릴 거야.

하지만 이건 어디까지나 경쟁입찰 시 지역 제한 기준이라는 사실!

우리는 공개 수의계약 시 지역 제한이 궁금하잖아? 그럼 공개 수의계약 시 지역 제한은 뭔지 알자보자.

시행규칙 제33조(견적에 의한 가격결정 등)

② 각 중앙관서의 장 또는 계약 담당 공무원이 영 제30조 제4항에 따라 법인 등 기부상 본점 소재지를 기준으로 견적서 제출을 제한하는 경우에는 법인 등기 부상 본점 소재지가 해당 공사의 현장, 물품의 납품지 등이 소재하는 특별시·광역시·특별자치시·도 또는 특별 자치도의 관할 구역 안에 있는 자로 제한하여야 한다. 다만, 공사의 현장, 물품의 납품지 등이 소재하는 시(행정시를 포함한다. 이하 이 항에서 같다)·군(도의 관할구역 안에 있는 군을 말한다. 이하 이 항에서 같다)에 해당 계약의 이행에 필요한 자격을 갖춘 자가 5인 이상인 경우에는 그 시·군의 관할 구역 안에 있는 자로 제한할 수 있다.

아까도 얘기했지만 공개 수의계약도 수의계약이야. 그래서 입찰서라 부르지 않고 견적서라 부르지. 그렇기 때문에 시행규칙 제33조에 규정된 견적에 의한 가격 결정 규정을 적용할 수 있어. 단순 상용품을 구매할 때는 부가가치세법에 의해 사업자등록증이 있으면 누구나 입찰에 참여가 가능해. 즉 동네 슈퍼마켓 아주머니도 철물점 할아버지도 운동화를 구매해서 납품이 가능하다는 말이야.

반면 공사계약은 확인이 필요한데 공사 면허별로(건축공사, 전문공사 등) 인터넷에 각 협회 사이트가 있어. 그 사이트에 지역별 면허 보유 업체를 조회하면 나오는 경우가 있으니 참고해.

한국전기공사협회 홈페이지

대한시설물유지관리협회 홈페이지

마지막으로 공개 수의계약은 정식 입찰 절차가 아니기 때문에 부정당 업자 제재를 할 수 없는 반면, 계약금액이 소액인 점을 감안해 별도의 조항으로 그 절차와 요건을 간소화했다고 생각하면 돼. 뒤에서 조금씩 설명할게.

추가적으로 5천만 원 이하 물품의 경우 소기업자를 대상으로 중복 제한할 수 있는데 이 내용은 중소기업자 간 제한경쟁을 설명할 때 알려줄게.

내 뜰에 앉은 새, 내 새 아니다
(수의계약과 청렴계약)

요즘 코로나바이러스(Corona Virus) 때문에 전 세계가 난리야.

사스(SAS) 때도 그렇고 메르스(MERS) 때도 그랬듯이 언론에서는 매일 "확진자가 늘어나고 있다. 전염성이 강해서 모두들 조심해야 한다." 라는 보도로 지면을 도배하곤 해. SNS를 통한 유언비어도 떠돌아다 니는데, 이런 뉴스와 유언비어들은 사람들로 하여금 내 이웃을 혐오 하게 하고 내 친구를 의심하게 만드는 결과를 가져와.

특히 물건 사재기도 일어나는데 평소에는 잘 사용하지 않는 마스 크와 체온계, 손 소독제는 곧바로 동이 나고 상황이 오래 지속되면 라면과 쌀도 마트에서 사라져.

정부와 군에서는 적극적인 지원을 아끼지 않고 있다고 발표하는데, 이런 국가적인 재난이 발생할 경우 우리 병과는 어떤 역할을 할 수 있을까? 아니 정확하게 말해서 나는 어떤 역할을 해야 할까?

우리 병과를 잘 알기 위해서는 우리 군의 역할을 먼저 이해해야 해. 우리 군이 나아가는 방향에 맞춰 나의 임무도 결정되니까.

우리 군의 존재 이유는 유사시 전쟁에 승리하기 위함이야. 전쟁에 승리하기 위해서 평시 국방부로부터 한 명의 용사까지 각자 준비를 하는데 이걸 '전투 준비'라고 해.

그럼 정확하게 '전투 준비'라는 게 어떤 걸까? 병사들이 상황 조치 훈련을 하기 위해 후다닥 뛰어가는 게 전투 준비일까?

어렵게 생각할 필요 없어.

추운 겨울 손발이 터져가며 혹한기훈련을 하는 것, 쾌적한 생활을 위해 건물을 신축하는 것, 병사들에게 맛있는 식사를 제공하는 것, 매일매일 체력 단련을 하는 것 등 우리가 하는 모든 것이 '전투 준비'야.

난 그중에서도 가장 중요한 것이 '비전투 손실'을 예방하는 것이라 생각해.

아직 진짜 전투를 하지도 않았는데, 각종 사고나 질병으로 군인들이 죽거나 아프면 '전투 준비'를 제대로 할 수 없지.

요즘같이 전염성이 강한 질병이 유행하면 우리 군은 취약할 수밖에 없어. 과거에 비해 여건이 나아졌다고 하지만, 아직까지 병사들은 같이 먹고, 같이 자는 집단생활을 해야 하는데 이런 와중에 한 명이라도 전염병에 걸리면 그 부대는 정상적인 '전투 준비'가 불가능할 거야.

그럼 본론으로 들어가서 우리 재정 병과는 이런 상황에서 무엇을 할 수 있고 해야 할까?

먼저 우리 재정 병과의 주요 임무인 예산 지원이야.

상급 부대에서는 예하 부대가 긴급히 필요한 예산은 없는지를 고민하고, 자체적으로 조치할 여유가 없다면 국방부, 기획재정부, 심지어 국회까지 쫓아가서 예산을 획득해야 해. "어떠한 경우라도 우리 군의 피해를 최소화하겠다. 오늘 밤 일어날지 모르는 전쟁에 대비해 '전투 준비'를 이상 없이 하겠다."라는 생각으로 적극적으로 뛰어다녀.

상급 부대의 눈물겨운 노력으로 예산을 획득했다면 그다음으로 야전 재정 병과원인 우리 계약 장교들의 노력이 필요해.

지금부터 진짜 내가 하고 싶은 말을 시작할게.

계약 행정 기간에 대해 말했었지? 적어도 8일이 걸린다고 얘기한 걸 기억할 거야.

하지만 병사들이 하나둘씩 병에 걸려 격리되고 있는 상황에서도 과연 공고를 내고 업체들이 참여할 때까지 기다려야 할까? 내 생각은 아니야. 비공개 수의계약을 추진해야 해.

그럼 비공개 수의계약에 대해 자세히 알아보자.

국가계약법 제7조와 국가계약법 시행령 제26조에서는 수의계약에 의할 수 있는 경우에 대해 명시하고 있어.

시행령 제26조(수의계약에 의할 수 있는 경우)

① 법 제7조 제1항 단서에 따라 수의계약에 의할 수 있는 경우는 다음 각호와 같다.

  1. 경쟁에 부칠 여유가 없거나 경쟁에 부쳐서는 계약의 목적을 달성하기 곤란하다고 판단되는 경우로서 다음 각 목의 경우

    가. 천재·지변, 작전상의 병력 이동, 긴급한 행사, 긴급 복구가 필요한 수해 등 비상재해, 원자재의 가격 급등, 사고 방지 등을 위한 긴급한 안전 진단·시설물 개선, 그 밖에 이에 준하는 경우

이 조항을 보면 당연히 비공개 수의계약이 가능하다고 생각할 수 있겠지만, 현실은 달라.

계약업무를 경험한 사람이라면 쉽게 결정할 수 없을 거야. 지금이야 다들 정신이 없고, 어떻게 해서든 빨리 이 상황에서 벗어나려 발버둥 치지만, 이럴 때일수록 우리 계약 장교만큼은 냉정하게 현 상황을 판단하고, 가장 적정한 계약 방법을 찾아야 해.

만약 우리도 이 상황이 천재·지변이나 비상 재해라고 성급히 판단해 비공개 수의계약을 했는데, 한 1년쯤 뒤에 누군가 "이건 비상 재해가 아니었다."라고 말한다면 난처한 상황에 놓일 거야. 결과론적이지만 이런 사례가 종종 있어.

비공개 수의계약은 빠른 계약 체결이 가능해 사업을 적기에 시행할 수 있다는 장점이 있는 반면, 계약 담당자와 업체의 유착이 가능하고, 시중가 대비 비싼 가격에 물품을 구매해 국가 예산을 낭비할 수 있다는 단점이 있어. 그렇기 때문에 비공개 수의계약을 할 때는 신중한 검토가 필요해.

상황을 가정해 보자.

전염병 발생 초기 군내 바이러스 유입을 방지하기 위해 병사 1인당 20개의 마스크를 조달청 나라장터를 통해 구매해서 보급했어. 하지만 얼마 지나지 않아 예하 부대에서 전염병 확진자가 발생했고 2만 개의 마스크를 긴급히 추가 지원하라는 지시가 있었어.

다시 조달청 나라장터를 통해 마스크를 구매하려 했지만, 물량이 없어 구매할 수 없었고, 업체에게도 연락을 해봤지만 단가가 800원이 아니라 3,000원이라는 소식을 들었어. 단 며칠 만에 가격이 폭등한 거지. 뉴스에서도 마스크 수급이 불안정해 가게마다 사람들이 줄을 서고 있는 모습이 나와. 당연한 거지.

이럴 경우 어떻게 해야 할까?

"수량 2만 개에 단가 3,000원이면 6,000만 원이고 수의계약 가능 범위가 아닌데…."

정확한 답은 없지만 이렇게 하는 것도 하나의 방법일 것 같아.

우선 천재·지변 또는 비상 재해 상황인지에 대한 정확한 인식이 필요해.

아까 말했듯이 우리가 단독으로 판단할 수 없기 때문에 상급 부대에 문의하거나, 아주 정확하게 하려면 기획재정부 유권해석 또는 국민신문고에 질의하면 돼. 천재·지변 또는 비상 재해 상황이라는 답변을 받았다면 비공개 수의계약이 가능한 상황이라고 생각하면 돼.

그리고 하나 더 단가 문제인데, 가격이 폭등한 상황을 어떻게 해야 할까?

나중에 너무 비싸게 구매해서 국고를 낭비했다고 지적을 받을 수 있어. 이번의 경우 단가를 문의한 업체는 한 군데뿐이었고 더군다나 전화로만 물어봤어. 그렇다고 해서 3,000원이 너무 비싸다는 생각에 800원짜리만 고집한다면 아마 계약을 못 할 거야.

이럴 때는 결단이 필요해.

현재 시중 거래 가격이 3,000원이라면 우리도 3,000원에 계약을 하는 게 맞아. 하지만 3,000원이라는 걸 증명해야 하기에 '기초예비가격 조서'를 작성해야 해.

기초 예비가격을 통해 결정되는 예정가격은 경쟁계약 시 낙찰자를 선정하는 기능도 있지만, 계약 당시 거래실례가격을 확인할 수도 있어. 그리고 반드시 2개 이상의 업체로부터 가격을 확인하는 것도 잊으면 안 돼.

이렇게 하면 수의계약의 정당성과 가격의 타당성을 확보했으니, 나중에 그 누가 딴지를 걸더라도 문제가 없을 거야.

이런 국가적인 재해 상황이 아니더라도 우리는 수의계약의 유혹을 많이 접해.

"이거 수의계약할 수 있지?"

우리가 가장 많이 듣는 말 중 하나야. 계약업무 처리 절차를 잘 모르는 사람들은 가장 신속히 체결을 할 수 있는 수의계약만을 고집해. 그렇기 때문에 규정을 일일이 알려주고 설득을 해야 하는 것도 우리의 몫이야.

그래서 이번엔 분할 수의계약에 대해 말해 보려 해. 수의계약으로 발생한 감사 사례 중 가장 많은 부분을 차지하는 것이기도 해.

분할 수의계약은 원칙대로 하면 적어도 공개 수의계약을 해야 하는 범위임에도 불구하고 수량이나 시기를 조절해 비공개 수의계약을 하는 경우야.

예를 들어 '대대급 부대 훈련 용품 구매계약'을 추진함에 있어 1월에는 A대대 2,000만 원을, 2월에는 B대대 2,000만 원을 각각 비공개로 수의계약하는 게 타당할까?

1월에 4,000만 원을 대상으로 공개 수의계약을 추진하는 게 맞을 거야.

통상 사업부서로부터 각각 계약을 의뢰받기 때문에 비공개 수의계약을 하지만, 우리는 계약 장교이기 이전에 재정 병과원이기 때문에 전체적인 예산 집행 시기를 판단하고 가능한 경쟁계약으로 추진해야 해.

"공고를 나가야 합니다."

계약 의뢰 부서에 안내를 해주면 이렇게 물어볼 거야.

"국가계약법 시행령 제26조에는 작전상의 병력 이동이나 긴급한 행사의 경우 수의계약이 가능토록 되어 있는데 이번 훈련은 당장 다음 주니까 수의계약 되지 않아?"

그때는 이렇게 답변하면 돼.

"선배님 이번 훈련은 이미 한 달 전부터 계획되어 있었고, 예산도 재배정해 드린 지가 오래되었습니다. 더불어 작전상의 병력 이동은 대침투 작전 등 실제 긴급을 요하는 경우입니다. 만약 훈련이 당장 다음 주인데 아직까지 육본으로부터 예산이 배정되지 않았다면 수의계약을 고려할 수 있으나 이번 건은 해당이 안 될 것으로 보입니다."

답변을 들으면 이해할 거야.

다음으로는 청렴계약에 대해 말하고자 해.

국방부에서는 청렴계약을 위해 계약을 체결할 때마다 계약 담당자와 업체에게 '청렴계약 이행서약서'를 작성토록 지시했지만, 진짜 청렴한 계약은 '청렴계약 이행서약서'를 붙인다고 되는 게 아냐.

우리는 가끔 '충성'이라는 말을 오해하는 경우가 있어. 법의 테두리를 벗어나더라도 부대와 지휘관에게 도움이 된다면 밀고 나가는 것이 '충성'이라고 착각하지.

하지만 진정한 충성은 법과 규정을 정확하게 이해하고 정당한 계약을 통해 예산을 집행함으로써 부대와 지휘관을 지켜주는 거야. 다시 말해 부대와 지휘관은 내가 적법하게 계약업무를 처리할 것이라 믿고 있기에, 그 믿음에 부응하는 것이 진정한 충성이야.

그리고 우리가 가진 알량한 자존심과 약간의 정보가 우리로 하여금 자만에 빠지게 할 수도 있어. 뭔가 대단한 것을 가진 것 마냥 우쭐대기도 하지.

사실 우리가 가진 권한은 많지 않잖아. 어차피 계약은 법에 명시된 절차와 방법에 따라 하는 것이고, 설령 비공개 수의계약을 하더라도 업체 선정은 어디까지나 재무관인 참모의 역할이니까.

하지만 민간 업체와 다른 병과 군인들은 우리가 마치 대단한 권한을 가진 줄 오해하는 경우가 있어. 그런 오해는 자칫 우리가 청렴하지 않은 것으로 비칠 수가 있는데, 그렇기 때문에 우리는 더욱 겸손하고 투명하게 업무를 처리해야 해.

비록 내가 계약 장교라 남들보다 약간의 정보를 더 알고 있다 하더라도, 이건 어디까지나 업무를 통해 얻은 정보이기에 나를 위해 쓰면 안 돼.

반면 잘 모르는 번호로 연락 올 때가 있을 거야.

"전역한 선배인데, 한 번 찾아갈 테니 커피 한 잔 주십시오."

업체인 것 같은데 선배이기도 하고 결정하기 곤란할 거야.

업체를 만나는 것이 꺼림칙할 수도 있지만, 그 사람들… 친절히 대해 줬으면 해.

"접대할 테니 저녁에 만나시죠.", "같이 골프나 치시죠."가 아니라 그냥 커피 한 잔 달라고 하는 거잖아. 업체가 아닌 민원인이 찾아와도 커피 한 잔 줄 수는 있잖아.

시간이 된다면 비록 민원실에서 대접하는 믹스커피 한 잔이지만, 그들을 만나서 이런저런 얘기해 보는 것도 나쁘지 않아. 그들도 과거에는 누구보다 더 애국심과 책임감으로 군을 사랑한 사람들이야. 마치 지금의 우리들처럼 말이지.

비록 지금은 전역을 해서 영업을 하지만, 후배들에게 피해를 끼치지는 않을 거라 생각해. 그냥 여기저기 다니면서 본인 얼굴 알리고, 자기 회사 홍보하는 것쯤으로 여기면 될 거야.

마지막으로 한마디만 더 할게.
"나는 부모님의 **자부심**이고,
        아내의 **자존심**이며,
        아들의 **자신감**이다."

당장 눈앞의 이익 때문에, 나를 사랑하는 가족의 믿음을 저버리지 않았으면 해.

"내 뜰에 앉은 새, 내 새 아니다"

업체가 계약을 이행하지 않을 때
(수의계약 II)

상대방이 약속을 지키지 않으면 기분이 안 좋겠지?

우리에게 그 약속은 계약서라는 문서로 표현되는데, 공사감독관은 규정에 맞게 공사감독을 하는 것이 약속이고, 계약 장교의 약속은 정확한 계약 체결과 대가 지급을 늦지 않는 거야. 그리고 계약을 성실히 이행하는 게 업체의 약속이지. 각자는 그 약속을 지키기 위해 노력해야 하고, 서로에게 관심을 가져야 해.

그래서 우리가 하는 계약업무는 단순히 계약서에 도장을 찍는 것이 전부가 아니야. 계약 체결도 중요하지만 업체가 계약을 잘 이행하고 있는지, 불법 하도급은 없는지, 설계 변경 소요는 없는지 등 꾸준히 관심을 가지고 관리해야 해.

이걸 사업관리라고 부르는데 낙찰자를 선정하는 것만큼 중요해.
물론 계약 의뢰 부서에서 1차적으로 관리를 하지만 우리도 종종 계약 상대방에게 전화해서 계약을 잘 이행하고 있는지, 애로사항은 없는지 확인할 필요가 있어.

그래서 이번에는 '낙찰자가 계약을 하지 않을 때 후속 조치'를 어떻게 해야 하는지 알려줄게.

예전에 어려운 계약을 우여곡절 끝에 체결하고 한숨 돌리고 있는데 시설 장교로부터 연락이 왔어.(통상 계약 기한이 끝나갈 때쯤 이유 없이 전화 오면 의심해 봐야 해)

"계약 장교님! 큰일 났습니다. 업체가 계약을 이행하지 않고 있습니다. 이제 곧 계약 기한이 끝나 가는데 어떻게 하나요?"라며 호들갑을 떨었어.

난 덜컥 심장 떨어지는 소리가 들리고 멘붕이 왔어.
'아니, 그럼 지금까지 공사감독도 안 하고 뭘 한 겁니까? 이제 와서 어떡하냐고 물으시면 어쩌라고요?'라고 되받아치고 싶지만, 괜한 감정싸움만 할 것 같아서 참았어.

"우선 진정하시고 후속 조치 방법을 고민해 보겠습니다."라고 말하곤 끊었어.

'어쩌지? 지금 다시 입찰공고를 낸다고 해도 계약 행정 기간을 고려하면 연말까지 공사를 끝낼 수 없을 것 같은데….'

사실 이런 일은 종종 있어. 업체는 무조건 낙찰부터 받고 보자는 식이기 때문에 공사 내용을 제대로 검토하지 않고 입찰에 뛰어든 경우지. 하지만 막상 계약을 하고 보니 감당이 안 되는 거야.

차일피일 시간만 끌기도 하고, "설계가 잘못되었다, 입찰에 문제가 있다."라는 등 이상한 핑계를 대기도 해. 그다음에는 통상 전화를 안 받아. 피하는 거지.

이런 일이 있을 수 있기 때문에 국가계약법 시행령에는 "낙찰자가 계약을 이행하지 않을 때"를 대비하고 있어.

> **국가계약법 시행령 제28조**(낙찰자가 계약을 체결하지 아니할 때의 수의계약)
> ① 낙찰자가 계약을 체결하지 아니할 때에는 그 낙찰 금액보다 불리하지 아니한 금액의 범위 안에서 수의계약에 의할 수 있다. 다만, 기한을 제외하고는 최초의 입찰에 부칠 때 정한 가격 및 기타 조건을 변경할 수 없다.
> ② 제1항의 규정은 낙찰자가 계약 체결 후 소정의 기일 내에 계약의 이행에 착수하지 아니하거나, 계약 이행에 착수한 후 계약상의 의무를 이행하지 아니하여 계약을 해제 또는 해지한 경우에 이를 준용한다.

이 조항의 핵심적인 용어는 '그 낙찰 금액보다 불리하지 아니한 금액'이야.

만약 1억 원짜리 건축공사를 계약했는데 업체가 아무런 이유 없이 공사를 시작하지 않아. 전화도 안 받고, 회사 앞으로 공문을 보내도 회신이 없어. 부대 입장에서는 발만 동동 구르게 될 거야. 빨리 공사를 진행해야 용사들도 깨끗한 환경에서 생활하고 사무실 공간도 생기는데 말이야.

참모님도 빨리 확인하고 보고하라고 지시하실 수도 있어. 그럼 급한 마음에 당장 계약을 해지하고, 새로운 업체와 계약을 체결하고 싶겠지만 무턱대고 계약을 해지해서는 안 돼.

업체 입장에서는 바빠서 전화를 안 받았을 뿐, 준공 기한 내 공사를 완료할 수도 있었다며 민원을 넣을 수도 있어. 과장이 심하다고 생각할 수 있지만 실제 가능한 일이야.

그럼 이럴 때는 어떻게 해야 할까? 어쩔 수 없어. 나중에 다시 말하겠지만 지체상금이 계약 보증금에 달할 때까지 기다려야 해.

그래서 현실적으로 계약 해지는 쉬운 게 아니야. 나라면 무슨 수를 써서라도 연락해 정당한 사유를 확인하고 정당하지 않으면 계약 해지에 동의한다는 각서를 받을 것 같아.

자, 그럼 계약 해지 시 수의계약에 대해 조금 더 알아보자.

최초 계약자는 업체의 사유로 계약을 포기했어. 부정당 업자 제재를 떠나서 우리는 이행하지 못한 공사를 진행해야 해. 어떻게 해야 할까?

방법은 두 가지야.

또 다시 입찰공고를 내고 낙찰자를 선정하는 것과 비공개 수의계약을 하는 거지.

첫 번째, 입찰공고를 낸다면 투명하게 낙찰자를 선정할 수 있다는 장점이 있지만, 이 경우에는 최초 계약금액을 초과하지 않는 범위 내에서 계약금액을 결정해야 하기에 대부분 기초 예비가격 대신 최초 계약금액에서 -2%를 설정하고 입찰을 진행해야 할 거야.

하지만 계약 행정 기간도 많이 소요되고, 기초 예비가격을 기준으로 해야 하기에 업체가 입찰할 수 있는 금액이 적어질 거야.

그만큼 참여하는 업체가 많이 없을 수 있어.

그럼 두 번째, 비공개 수의계약을 하는 건 어떨까?

하겠다고 하는 업체가 있다면 최초 계약금액을 변경하지 않고, 기간만 연장해서 빨리 공사를 지시할 수 있어. 그리고 수의계약이기에 계약행정기간도 절약할 수 있지.

하지만 하겠다고 하는 업체가 있을까?

최초 계약 업체도 이유가 있어서 계약을 포기했을 텐데, 포기를 결정한 핵심적인 이유가 해소되지 않는 한 새로운 계약자를 찾기 쉽지 않을 거야.

통상 계약을 포기하는 경우는 시공이 힘들거나, 공사 여건이 좋지 않아서야. 즉 이윤이 남지 않는 거지.

그렇기 때문에 최초 계약 내역을 꼼꼼히 검토해야 해. 공사 현장은 강원도 인제인데 경쟁계약을 유도한다고 전국으로 입찰참가 자격을 설정하면 전라남도 목포에 있는 업체가 낙찰될 수도 있어. 그럼 공사가 제대로 될 리가 없지.

나도 예전에 창고 건축공사를 진행한 적이 있었어.

계약기간이 끝나갈 때 쯤 공사감독관으로부터 계약 해지 공문을 받았는데, 사유는 업체가 착공을 안 한다는 거야.

하지만 계약업체 말은 달랐어. 업체는 계약 체결 이후 착공하려는데 공사감독관이 공사 중지(태풍으로 인한 공사 불가)를 지시했고, 두 달가량 착공하지 못했었다고 해. 두 달이 지난 시점에서는 인부들이 없어서 공사를 못 했다고 했어. 그러니 계약 기간 연장을 해 달라는 거야.

여러 차례 공사감독관과 업체를 대상으로 확인해 본 결과, 최종 결론은 태풍으로 인해 2주간 공사 중지를 지시한 것은 맞으나 2주가 지나서도 업체는 한참 동안 인부를 고용하지 못해 착공을 할 수 없었고, 결국 준공기한이 임박하자 수정계약을 요청한 거였어.

결국 업체 동의하에 계약 해지를 했고, 비공개 수의계약을 진행했어.

새로운 업체는 공사 현장이 위치한 지역 업체를 대상으로 체결했는데 최초 계약금액을 주는 조건이었고, 다행히 해를 넘기지 않고 준공했고 대금을 이상 없이 지급할 수 있었어.

마지막으로 하나 더.

착공은 했으나 중간에 계약을 포기하는 경우가 있을 수 있어. 이 때에도 국가계약법 시행령 제28조 규정을 활용할 수 있는데, 다만 기성검사를 통해 그동안 공사한 대금은 업체에게 지급을 하고 나머지 공사에 대해 수의계약을 체결하면 돼.

이때는 시공한 부분과 미시공한 부분을 정확히 가려내야 하기 때문에 공사감독관과 협조가 중요하다는 거 잊지 마.

붕어빵 할아버지
(물가 변동으로 인한 계약금액 조정)

나는 차가 2대야.

한 대는 와이프가 아이들과 함께 타는 좋은 차고, 나머지 한 대는 내가 출퇴근할 때 쓰는 오래된 똥차지. 이 똥차는 고장도 없이 잘 굴러다녀서 버릴 수가 없어. 그래서인지 세차를 한 기억은 너무 오래됐고 엔진오일도 2년 전에 넣은 것 같아. 이제는 주유하는 것도 아까울 지경이니 내 심정 짐작이 가지?

하루는 오랜만에 주유등에 불이 들어왔길래 우리 집에서 거리는 가장 멀지만 제일 저렴한 주유소에 갔어. 다른 주유소보다 100원 가까이 저렴하기 때문에 종종 들르는데, 하필 이날은 가격이 엄청 비싼 거야.

그래서 주유소 직원에게 왜 갑자기 가격이 올랐냐고 물어봤어. 그랬더니 직원은 되레 나더러 어제 뉴스도 안 봤냐는 거야. 문득 뉴스 제목이 떠오르긴 했어. "최근 국제 유가가 상승해서 국내 경기에 악영향을 끼칠 것 같다!"

근데 어제 뉴스가 오늘 주유소 가격에 반영된다고? 이렇게 빨리?

가격을 올릴 때는 냉큼 올리고, 내릴 때는 세월아 네월아 하는 주유소가 얄미웠지만 거기까지 간 기름이 더 아까워서 그냥 넣었어.

내가 예전에 물자계약을 했을 때 일이야.

육군교도소에서는 재소자 직업교육을 위해 장병들이 사용하는 철제 관물대를 만들었는데, 그 관물대 제작에 필요한 철제 재료를 구매해 달라는 계약 의뢰를 받았었어.

중소기업자 간 제한경쟁을 했고, 낙찰 업체 사장으로 보이는 할아버지는 자주 구경해 보지 못한 계약금액에 놀라며 기뻐하셨지.

한 3달쯤 지났을까? 예전에도 말끔한 행색은 아니었지만 더 초라해지신 그 사장님이 우리 부대로 바인더 하나를 들고 찾아오셨어.

나를 만나자마자 바인더를 펼치시고는 원자재 가격이 올랐으니 물가 변동 수정계약을 해 달라며 거의 울먹이는 목소리로 부탁하셨어. 실제로 당시에는 국제 원자재 가격이 급속도로 상승하여 세계 경제에 영향을 미친다는 내용이 하루가 다르게 보도되고 있었는데, 그 바인더는 신문 기사를 정성스럽게 오려서 만든 거였어.

나는 당시에 물가 변동 수정계약 경험이 없었기에 자세히 설명을 못 드리고 검토하고 연락드릴 테니 댁에서 기다리라는 말을 남기고 그 바인더와 함께 사무실로 돌아왔어.

자리에 앉아서도 할아버지의 슬픈 얼굴이 잊히지 않았어. 그래서 다른 일은 제쳐두고 물가 변동 수정계약 관련 규정을 확인했었지.

이야기의 결론은 나중에 말해 줄 테니 먼저 물가 변동으로 인한 계약금액 조정에 대해 알아보자.

우선 물가 변동으로 인한 계약금액 조정이 왜 가능한 것일까? '계약은 한번 체결하면 끝 아냐?' 라고 생각할 수 있어.

하지만 생각해 봐. 국가와 계약을 체결한 업체가 예상치 못한 상황으로 손해를 본다면 국가 또한 선량한 계약 상대자로서의 역할을 다하지 못한 거야. 특히 국민의 재산권과 이익을 보장해야 하는 국가가 국민의 손해를 나 몰라라 한다면 전체적으로는 국가 또한 손해인 거지. 그래서 국가계약법에서는 일정 요건이 충족된다면 의무적으로 계약금액을 조정해야 한다고 명시되어 있어.

반대로 물가가 계약 체결 당시보다 하락할 수도 있는데, 이럴 경우 계약금액을 감액할 수 있어.

그럼 어떤 상황이 발생해야 계약금액이 조정되는지 그 요건에 대해 알아볼게.

먼저 기간 요건이 충족해야 해. 기간 요건이란 변동한 물가를 인정할 수 있는 기준인데, 예를 들어 내가 갔었던 주유소가 어제 뉴스에 보도되었다고 해서 오늘 기름값을 올리면 이해하기 힘든 것처럼 어느 정도 기간이 경과해야 변동된 물가를 계약금액에 적용할 수 있어.

국가계약법에서는 물가 변동 시점을 "계약을 체결한 날로부터 90일이 경과해야 하고, 과거 물가 변동으로 인한 계약금액 조정이 있었다면 그날로부터 90일 이상이 경과해야 한다."라고 규정하고 있어. 즉 적어도 3개월이 지나야 물가가 변동된 것을 적용할 수 있다는 것이지.

두 번째 요건은, 물가가 3% 이상 증감이 있어야 계약금액 수정이 가능해.

정확하게는 "입찰일을 기준으로 품목 조정률 또는 지수 조정률이 3% 이상 증감해야 한다."라고 되어 있어.

근데 품목 조정률과 지수 조정률이라는 처음 보는 단어가 있네. 이게 뭐냐면 품목 조정률은 주로 물자계약에서 사용하는 방법인데 품목 하나하나를 계산한다는 뜻이고, 지수 조정률은 공사처럼 셀 수 없이 많은 자재가 포함된 계약의 경우 각 품목을 비목군으로 편성하여 계산한다고 생각하면 돼.

두 가지 중 업체가 지수 조정률 적용을 원하는 경우 외에는 품목 조정률을 적용하는 것이 원칙이야. 표준계약서 양식에는 반드시 물가변동 수정계약 방법을 명시하도록 되어 있기 때문에 참고해 둬.

세 번째로, 계약금액 조정은 일방의 신청이 있어야 가능해. 물가가 상승해서 계약금액 증액이 필요할 경우 업체의 신청이 있어야 하고, 반대로 물가가 하락하여 계약금액을 감액해야 할 경우 계약 장교의 신청이 있어야 해.

이때 '계약금액 조정 신청서'라는 서류를 제출해야 하는데 이건 기획재정부 계약예규인 「정부입찰·계약 집행기준」과 「예정가격 작성기준」에 따라 작성할 수 있어. 통상 원가계산 용역기관에 위탁해서 처리하는데, 이유는 물가 변동의 근거를 제시하는 규정이 복잡하고, 전문적인 지식이 있어야 가능하기에 통상 원가계산 용역기관에 의뢰한다고 생각하면 돼.

물론 우리도 조금만 공부하면 작성할 수 있어.

그럼 다른 시각에서 한 번 더 생각해 보자.

이런 물가 변동 수정계약을 최대한 안 하는 것이 업체도 그렇고 부대에서도 이익이겠지?

업체 입장에서는 원가계산 용역기관에 보고서를 위탁하는 것도 비용이 들 테고, 계약 장교 입장에서도 수정 계약하는데 불필요한 행정력이 낭비되기 때문에 가능한 최초 계약대로 납품하고 대금 지급하는 것이 좋을 거야.

그럼 물가 변동 수정계약을 방지하기 위해 계약 장교는 어떤 고민을 해야 할까?

바로 발주 시기를 고민하는 것이 중요해. 발주 시기는 입찰공고를 내는 시기라고 생각해도 좋은데, 이게 왜 중요한지는 예를 들어 설명할게.

3층짜리 건물 신축 계약을 추진한다고 가정해 보자. 예산은 100억 원이고 공사 기간은 365일이야. 시설공사에는 건축공사, 전기공사, 통신공사 등 여러 가지가 있고 레미콘, 철근, 타일 등 수많은 건축자재도 필요해. 건물이 준공된 이후에는 책상, 냉장고, 컴퓨터 등 물품도 많이 납품되어야 한다고 하자.

이럴 경우 어떻게 계약 추진 계획을 수립해야 할까? 물론 빨리빨리 진행해서 일을 하나씩 줄여나가는 것도 좋긴 하나, 급한 마음에 모든 계약을 빨리 진행하면 부작용이 발생하기 마련이지.

그래서 전체적인 공정을 고려해서 각각의 계약이 투입될 시기를 판단하고 계획을 수립해야 해.

대부분의 건물 신축공사는 이런 식으로 진행될 거야.

구 분		1월		2월	3월	…	11월	12월
공사	건축	계약	착공	시공			준공	
	전기	계약	착공	시공			준공	
	통신	계약	착공	시공			준공	
	소방	계약	착공	시공			준공	
자재	레미콘	계약		투입				
	철근	계약		투입				
	창문 샤시	계약				설치		
	타일	계약				설치		
	등 기구	계약				설치		
물품	책상, 냉장고 등	계약						납품

표에서처럼 공사 진행에 따라 자재가 투입되는 시점이 달라. 근데 모든 계약을 1월에 다 해버린다면 어떻게 될까? 아마 나중에 투입될 자재나 물품은 납품하기 위해 한참을 기다려야 할 거야. 마치 1월 계약한 책상 업체는 거의 1년을 기다려야 하듯이.

그럼 업체 입장에서는 계약일로부터 90일이 경과하고 입찰일로부터 3% 이상 가격이 상승될 가능성이 농후하기 때문에 분명 계약금액 증액을 요구할 거야.

결론적으로 부대 입장에서는 단순히 발주 시기를 잘못 판단한 것뿐인데 물가 변동에 따른 계약금액 조정이라는 손해를 보게 돼.

또 한편으로 업체는 재고를 관리하는데도 비용이 발생하는데, 예를 들어 업체가 책상을 보관중인 창고 임대료가 과다해 3월에 납품하겠다고 하면 우리는 어떻게 대응해야 할까?

거부할 수 없어. 우린 어쩔 수 없이 납품받아야 하고, 안 쓰는 창고나 연병장 한쪽에 쌓아 둬야 해. 그럼 비 맞고 먼지 쌓이고 해서 나중에는 쓸 수 없을 거야. (이건 실제 사례야)

그래서 이런 공사의 경우 계약 추진 순서가 중요해.

구 분		1월	2월	3월	…	11월	12월
공사	건축	계약	시공				
	전기	계약	시공				
	통신	계약	시공				
	소방	계약	시공				
자재	레미콘	계약	투입				
	철근		계약	투입			
	창문 샤시			계약	설치		
	타일			계약	설치		
	등 기구			계약	설치		
물품	책상, 냉장고 등					계약	납품

이렇게 투입 시기에 맞게 계약을 체결하면 물가 변동에 따른 계약금액 조정 소요를 최소화할 수 있고, 업체로 하여금 계약 체결 이후 지체 없이 납품을 하게 할 수 있어.

혹자는 나중에 계약을 하면 그때는 물가가 올라서 설계 내역과는 다르다고 할 수 있어. 하지만 최초 계약을 제대로 하는 것이 물가 변동 수정계약을 하는 것보다 수월할 거야.

마지막으로 당부하고 싶은 말은 업체로부터 물가 변동에 따른 수정계약 신청을 받았다면 '우리 아버지 사업이다'라는 생각으로 적극적으로 검토해 줘.

예전에는 업체가 물가 변동이라는 말만 꺼내도 거부했다고 들었어. 추가 예산 획득도 어렵고 수정계약도 해야 하기 때문에 번거롭고

예산 획득 가능성도 희박하다는 이유에서였지. 지금으로 보면 갑질
이야.

요즘같이 어려운 경기에 국가와 계약을 하는 것은 하늘의 별 따기
야. 그만큼 업체도 정성을 다해 계약을 이행할 텐데, 예상치 못한 물
가 변동을 고려해 주지 않는다면 국민의 아픔을 모른 체하는 거야.
추가 예산 획득이 어렵다면 법에 규정되어 있듯이 물량을 줄여서라
도 업체의 손해를 같이 부담해야 해.

그래서 그 할아버지는 어떻게 됐냐고?
당시 난 아무리 검토해도 신문 기사는 근거 자료가 될 수 없었어.
물론 영세한 업체를 운영하는 할아버지에게 '계약금액 조정 신청서'
를 작성해 오라고 할 수도 없는 노릇이었지.
다행히 내가 알고 지내던 교수님이 원가계산 용역기관을 소개해
주셨고 그 할아버지는 저렴한 비용에 보고서를 위탁하실 수 있었어.
결국 우리는 예산을 추가 획득해 손해를 덜어드렸고, 할아버지는 겨
우겨우 납품을 하실 수 있었어.

납품이 다 끝나고 한참 뒤에 부대 앞에서 팔던 붕어빵 봉지를 손에
든 할아버지가 찾아오셨어. 나는 어른신이 주시는 붕어빵을 마다할
수 없어 믹스커피와 함께 나눠 먹으며 이런저런 얘기를 했는데, 이번
계약 건이 참 힘들었다고 하시더라.
할아버지는 병사 시절 고생한 경험 때문에 군대를 안 좋게 생각했

는데, 자기 손자보다 어린 장교가 친절하게 잘 도와줘서 어려운 납품도 무사히 할 수 있었다고 하셨어.

대화를 나누는 동안 여러 번 고맙다고, 나라를 위해 훌륭한 장교가 되라고, 진심 어린 할아버지의 말씀에 나도 모르게 눈물이 맺혔어. 비록 힘든 군 생활에 지쳐 있었지만 나도 국민을 위해 뭔가 했다는 생각에 지금까지도 잊히지 않는 소중한 추억이야.

아프간에 희망을! 조국에 영광을!
(해외 파병)

　내 인생 가장 황금기를 꼽으라면 한 치의 주저도 없이 아프간 파병 시절이라 말할 수 있어.

　내가 다녀온 아프가니스탄은 중동에 위치한 나라로 중국의 서쪽에, 파키스탄의 북쪽에 위치한 아주 가난한 나라야. 당시 9·11 테러를 주도한 오사마 빈 라덴 때문에 유명해진 나라인데 국제적인 테러 단체인 탈레반이 은거하고 있어서 다국적군은 아프간에서 파병 작전을 수행하고 있었어.

　2010년 무더위로 지쳐갈 때쯤 육군본부 홈페이지에 "아프간 파병 선발계획"을 우연히 보았어. 사실 그때는 재정 업무를 5년 이상했기에 업무에 흥미를 점점 잃어가고 있던 시기여서 며칠을 고민하고 고민하다가 떨어져도 지원이라도 해봤으면 좋겠다는 생각에 참모님께 파병에 지원하겠다고 조심스레 말씀을 드렸어.

나보다 엄청 선배이신 우리 참모님께서는 본인의 이라크 파병에 대한 자부심이 상당하셨는데, 내 예상과 달리 흔쾌히 허락하시며 이렇게 말씀하셨어.

"넌 파병에 선발되는 순간 국가를 대표한다는 사실을 잊으면 안 된다!"

그 말을 듣고 아직 선발된 것도 아닌데 부담을 주시는 것 같아 당황했지만, 참모님의 예상대로 난 파병에 선발되었고, 며칠 뒤 출국 준비를 위해 파병 준비단으로 갔어.

(현재 그 참모님은 전역을 하셨지만 군인정신이나 업무적으로 내가 존경하는 분이야)

지금부터 우리 재정 장교는 파병 부대에서 어떤 임무를 수행하는지 말해 주려해.

내가 파병에 선발되고 기뻐하기도 전에 파병 부대에서 연락이 왔어. 출국까지 약 두 달이 남아 있었는데 그동안 현지에서 사용할 물품을 다 계약하고 예산을 정리해야 한다는 거야. 내일 당장 파병 준비단으로 출근하라는데 지금 있는 부대에서도 정리할 시간이 필요하다고 말씀드리고 그 주 토요일 파병 준비단으로 갔어.

파병 부대는 통상 1명의 재정 장교만 선발되는데, 이건 업무 지도를 받을 수 있는 참모가 없다는 뜻이기도 해. 예산을 사용하는 타부서 실무자는 나의 말이 법이고 규정이기에 어느 때보다 적극적이고 꼼꼼히 일을 해야 했어.

두 달이라는 시간 동안 수없이 많은 일을 했어. 사소한 물티슈를 구매하는 것도 시간이 많으면 업체가 납품하면 그만이지만 당장 내일까지 300명의 부대원에게 10개씩 보급해야 했기에 인근 마트를 직접 돌아다녀야 했고, 1톤에 가까운 물량을 보유한 곳이 없어 이마트 본사까지 연락을 해야 했어. 운동화와 체육복은 개인마다 취향이 달라서 업체로부터 시제품을 확인하고, 부대원 의견을 수렴해 계약을 해야 했고, 각종 문구류와 행정 비품을 사는 것도 평상시라면 아무 일도 아니지만 빠른 시간 내에 6개월 치를 구매하는 것은 정말 힘이 들었어.

계약을 이상 없이 마치고 한숨 돌리며 비행기에 몸을 실었지만, 아프간에 가까워질수록 전장의 긴장감이 몸으로 느껴졌어.

어둠이 깔린 새벽. 우리 비행기는 바그람이라는 미군 부대 활주로에 착륙했어. 활주로가 얼마나 큰지 낮에도 끝이 보이지 않을 정도로 어마어마한 규모였어. 하지만 30분이 멀다 하고 이륙하는 전투기 소리와 총성, 하루에도 몇 번씩 떨어지는 포탄과 귀를 찢는 듯한 대피 사이렌은 아무 일을 하지 않아도 피곤이 쌓이는 곳이었어.

근데 미군 부대라 그런지 정말 좋더라. 자존심이 약간 상할 정도였어.

PX는 총만 빼고 다 팔 정도로 물건이 많았고, 심지어 전장 피로를 풀 수 있다며 안마시술소도 있었어. 그리고 식당에는 내가 알고 있는 모든 음료수가 시원하게 냉장고에 줄을 서 있었는데, 랍스타며 스테이크 등 한국에서는 비싸서 자주 못 먹는 음식까지 즐비했어. 중요한 건 이게 다 공짜라는 거야.

도무지 어떻게 이런 지원이 가능한지 내 상식으로는 이해가 되지 않았기에 군수부대 미군과 식사를 하며 물어봤어. 이 정도 지원이 가능한 이유는 무엇이냐? 이렇게까지 음식을 지원할 필요가 있나?

같이 식사를 하던 그 미군은 씹고 있던 빵을 천천히 삼키고 손가락으로 병사 한 명을 가리키며 이렇게 말했어.

"저 이등병이 먹고 있는 식사는 그의 생애 마지막 식사일 수도 있다. 우리는 그를 전쟁터로 데려왔지만 그를 홀로 두진 않는다."

난 답변을 듣는 순간 뒤통수를 세게 맞은 기분에 멍해지더라.

마지막 식사라…!

어쩌면 천조국이라 불리는 미군이 국방비만 세계 최고가 아닐지도 모른다는 생각을 했어. 병사 한 명 한 명을 영웅으로 생각하는 국민과 군인을 아낌없이 지원하는 국가, 생사고락을 같이하는 전우들 간의 신뢰가 세계 최고구나.

부대로 돌아오는 길에 케네디 전 미국 대통령의 말이 떠올랐어.

"국가가 나를 위해 무엇을 해줄 것인가를 묻지 말고, 내가 국가를 위해 무엇을 할 것인가를 생각하라!"

하지만 지금까지 내가 가진 생각은 '**우리는 예산이 부족해 이런 지원을 할 수 없어. 재정 장교는 상급 부대의 지침과 지시에 의해서만 임무를 수행해야 해!**'

나의 이런 마음가짐으로 참모님이 말씀하신 국가대표가 될 수 있을까? 내가 이곳에 있는 이유가 정말 국가를 위한 것인가 아니면 나만을 위한 것인가?

멋진 식사를 하고도 괜한 자책감에 마음이 무거워진 하루였어.

바그람 미군 기지에서 두 달을 생활하고 새로 생긴 한국군 주둔지로 이동하기 위해 차리카로 떠났어. 차리카는 헬기로 30분 정도 가야 하는 거리인데, 헬기에서 바로 본 풍경은 정말 한국과는 비교도 할 수 없는 낙후된 곳이었어. 대부분의 집은 흙으로 만들어져 있었고 제대로 된 도로도 가로등도 없었기에 밤이면 칠흑과도 같았지.

'이곳에 계약할 업체가 있을까? 예산을 어떻게 집행하지?'

하루는 파병 중식비 예산을 집행하라는 명령이 있었어. 중식비는 3끼 식사 이외에 다른 음식물을 살 수 있는 예산인데 통상 미군 PX에서 과자며 음료수 등을 샀지만 마지막 식사를 한 미군이 떠올라 우리도 다른걸 한번 시도해 보자고 결심을 했어.

　다행히 우리 사무실에 같이 근무하는 군수 장교 선배는 나와 같은 생각이었고, 전 간부를 대상으로 먹고 싶은 음식을 조사하니 역시 한국인답게 삼겹살과 라면, 김치 등이 순위에 올랐어.

　하지만 아프가니스탄은 이슬람 국가이기 때문에 술과 돼지고기를 금지하고 있어서 삼겹살을 구할 수가 없었어. 동네도 워낙 낙후되고 가게도 없을 것 같아서 포기하고 다른 방법을 고민했어.

　아프간 1진 재정 장교 선배를 통해 아프간에서 비행기로 4시간 정도 거리의 아랍에미리트에 한국인이 운영하는 한국 음식 마트가 있고, 그곳에서 냉동 삼겹살과 라면 등을 판다는 정보를 알게 되었어. 전쟁 지역에서 비행기를 예약하고 다른 나라까지 가서 라면을 사 오는 게 부담스러웠지만, 이왕 해보기로 한 거 까짓것 한번 가보자는 생각에 단장님께 보고 드리고 일주일 후에 헌병 수사관을 대동하고 아랍에미리트로 떠났어.

　민간인으로 위장하기 위해 급조한 사복을 착용하고 비행기에 몸을 실었을 때, 내 옆자리에 현지인으로 보이는 중년의 여성분이 앉으셨어. 비행이 4시간이 넘었기에 무료함을 달래고자 그 여성분과 간단한 인사를 하고 대화를 나눴는데 그녀로부터 아프간에 대한 놀라운 사실을 알게 되었어.

자기는 미국인 통역관으로 아프간에서 태어나 어릴 때 가족과 함께 미국으로 이민을 갔다고 했어. 자기가 어릴 때 아프간은 정말 살기가 힘들었대. 특히 여성 인권은 처참해서 일부다처제인 아프간에서는 남편이 죽으면 아내들은 경제생활을 할 수 없어 아이들과 함께 굶어 죽는다는 거야. 살기 위해서는 길거리에서 구걸을 해야 한다고 했어. 또, 어린 딸을 가족의 빚을 갚기 위해 강제로 나이 많은 남자와 결혼을 시키는데 딸이 힘들어 남편에게서 도망치면 친정아버지와 오빠가 기어코 찾아내 코와 귀를 자른다고 했어.

자신을 너무나도 사랑한 아버지는 가족과 함께 미국으로 어렵게 이민을 갔고, 자신은 미군을 도와 아프간에 도움을 주고 있다고 했어.

상상이 돼? 아빠가 딸의 코와 귀를 자른다니….

문명국가에서는 절대 있을 수 없는 일이지만, 지구촌 어느 곳에서는 아직까지 이런 일이 벌어지고 있어.

나는 얘기를 듣는 동안 너무 슬프고 화가 나서 표정 관리를 할 수 없었어. 하지만 그녀는 나의 이런 반응이 익숙한지 『TIME』지를 꺼내 보이며 한 방을 날리더라. 『TIME』지 표지에는 아까 말했던 코가 잘린 여성이 나왔는데, 그 여성은 미국으로 망명하여 아프간의 인권 실태를 고발했고 인조 코를 이식받아 정상적인 삶을 살아가고 있다고 했어.

4시간 동안 얘기를 하며 나는 한국에서 온 군인이고 우리 부대의 목표는 "아프간에 희망을! 조국에 영광을!"이라고 알려줬어. 그녀는 한국군의 능력과 희생을 이미 잘 알고 있으며, 자신의 모국을 위해 와줘서 고맙다고 했어.

우여곡절 끝에 도착한 아랍에미리트에서 만난 가게 주인은 수덕해 보이는 한국인 부부였어. 가게 귀퉁이에 앉아 계약서를 작성하고 가지고 갈 삼겹살을 확인했어. 사장님 부부는 우리가 한국에서 오랜만에 온 군인이라 그런지 숙소까지 찾아오셔서 김치며 잡채 등 한국 음식을 주셨고, 나와 헌병 담당관은 오랜만에 포탄 소리 없는 고요한 밤을 꿀잠으로 보냈어.

삼겹살과 함께 부대로 복귀했을 때, 그 어느 때보다 부대원들이 우리를 반겨주었어(비록 내가 아닌 삼겹살이 그리웠겠지만). 그리고 수고 많았다며 칭찬해 주시던 단장님과 과장님 그리고 우리 부서원들을 지금도 잊지 못해.

6개월의 파병 시절을 마치고 한국으로 복귀했을 때 제일 처음 든 생각은 **"우리나라가 정말 푸르구나! 정말 살기 좋은 나라구나!"**라는 것이야. 시간이 지나면서 점점 확신이 드는 것은 **"우리는 우리 능력을 너무 과소평가하고 있구나! 다른 나라들이 모두 부러워하는 그런 민족이구나!"**라는 거야.

우리는 업무에 치여 종종 잊으면 안 되는 것을 잊을 때가 있어.
대한민국은 이순신 장군과 안중근 중장 그리고 이름 없이 죽어간

수많은 군인과 독립투사들이 목숨 걸고 구한 나라야. 그리고 지금은 우리가 이어받아 지키고 있지. 우리 아이들을 위해서라도 이 나라를 반드시 지켜야 해.

애국심은 생기길 기대하는 것이 아니라 가지려고 노력해야 해.

그리고 마지막으로 틈날 때마다 영어 공부해. 나도 잘 하지 못하지만 꾸준히 노력하다 보면 언젠가 좋은 일이 있을 거야.

냉동 피자와 족구공

내가 어린 시절 피자는 귀한 음식이었어.

유년 시절 고급스러운 피자 가게는 귀공자 도련님만 가는 곳인 줄 알았어. 그래서인지 어머니께서 아주 기분이 좋은 날, 동생과 함께 먹으라며 사 오신 이름 없는 피자를 아직도 잊지 못해. 결혼을 하고 아들에게 그 피자 맛을 알려주고 싶어 일부러 동네 피자 가게를 헤맨 적도 있었지만 찾지 못했어.

그러다 한 번은 PX(정식 명칭: 충성마트) 냉동 피자를 사다가 전자레인지로 돌려먹었는데 이게 웬걸, 내가 찾던 어릴 때 바로 그 맛이었어. 도톰한 도우에 피자 소스와 페퍼로니 그리고 약간의 토핑뿐이지만 추억 속의 그 맛이었어. 그래서 우리 집 냉동실에는 PX표 냉동 피자가 항상 대기하고 있어.

오늘은 PX에 대해 말해 보려 해.

군 생활을 하며 느낄 수 있는 큰 혜택 중 하나가 바로 PX 이용이야. 내 생각에는 넉넉하지 않은 봉급으로 맘껏 여유를 부릴 수 있는 가장 가성비가 좋은 곳인 것 같아. 특히 전방에서 생활을 하는 군인이나 가족들은 도시의 생활 여건을 기대할 수 없기 때문에 자주 들르는 편이지.

우리도 PX와 수의계약을 해야 하는 경우도 있어서 알아보려 해.

평상시 자주 이용하면서도 몇 가지 궁금한 점이 있었을 거야.

첫 번째, 시중보다 가격이 저렴한 이유는?

두 번째, PX 상품은 시중에서 파는 상품과 다르지 않나?

세 번째, 부대에서 필요한 물품을 PX와 수의계약할 수 있나?

우선 이렇게 싸게 팔 수 있는 이유에 대해 알아보자.

나도 PX 냉동 피자나 다른 상품을 고를 때면 말도 안 되게 저렴한 가격에 놀랄 때가 많아. 가격표에 버젓이 "시중가 대비 50% 할인"이라고 쓰여 있는데 이게 과연 진짜일까?

특히 요즘에는 달팽이 크림과 마유 크림 등 기능성 화장품이 인기가 좋은데, 시중 가격보다 몇 배 이상 저렴하고 품질도 좋다는 입소문이 퍼져 사돈에 팔촌까지 현역 친척에게 대신 사달라고 하지. (심지어 현역 군인이 민간인에게 되팔다가 적발되는 사례까지 있다고 하니 인기가 실감이 가지?)

PX가 물건을 싸게 팔 수 있는 비결은 바로 할인율이라 불리는 입찰 방법이야.

다른 여러 가지 조건도 있지만, 계약금액을 결정하는 방법에 대해 알아볼게. 우리가 아는 계약 방법과 조금 달라서 흥미로울 거야.

국군복지단에서는 매년 PX의 판매 실적을 분석하고 매출액이 높은 상품과 낮은 상품을 구분하는데, 매출액이 높은 상품은 다음 해에도 판매할 수 있도록 재계약을 하고, 매출액이 낮은 상품은 장병들의 선호도가 없다는 뜻이기 때문에 재계약을 하지 않아. 즉 잘 안 팔리는 상품을 대신해 새로운 대체 상품을 계약하지.

그럼 새로운 상품은 어떻게 선정하느냐.

이때는 구체적인 상품을 선정하는 것이 아니라 상품의 분류를 정하고 공고를 내는데, 예를 들어 이런 식이야.

지난 해 청량음료 부분인 코카콜라(사실 코카콜라는 매출이 낮지 않아)는 장병들이 많이 찾지 않아 매출액이 낮았어. 복지단에서는 코카콜라를 대신해 새로운 청량음료를 계약하려고 입찰공고문을 게시했어.

공고문에는 **"시중에 판매하고 있는 청량음료 중 시중 가격 대비 할인율이 가장 높은 상품을 계약자로 선정합니다."**라고 기재했어.

업체들은 입찰에 참여했고 이런 결과가 나왔어.

품 명	시중 가격	할인율	최종가격
코카콜라	1,500	20%	1,200
대한콜라	1,200	50%	600
서울콜라	900	40%	540

위 결과를 보면 최종가격은 서울콜라가 제일 낮지만, 대한콜라가 가장 높은 할인율을 제시한 걸 알 수 있어.

할인율이 가장 높은 상품이 선정되기는 방식이기에, 40% 할인율을 제시한 서울콜라는 540원에 납품이 가능하지만, 할인율이 50%인 대한콜라가 600원에 계약이 되는 거야.

그럼 여기서 가장 중요한 것은 대한콜라의 시중가격이 실제 1,200원이냐는 거겠지? 왜냐하면, 실제 시중 가격은 낮은데 높은 것으로 조작한다면 할인율을 조절해 낙찰을 받을 수 있기 때문이지.

그래서 복지단에서는 업체들로 하여금 할인율을 제시할 때 시중에서 거래되는 영수증(통상 30개)을 제출하라고 해. 그리고 직접 전국을 돌아다니며 실제 판매 금액을 확인하지. 설령 그 영수증이 전라남도 목포 '순이네 가게'에서 발행되었든, 경상남도 합천 '지리산 마트'에서 발행되었든 상관하지 않고 직접 찾아가. 대단하지?

이런 과정을 거치기 때문에 우리는 1,200원짜리 대한콜라를 600원에 마실 수 있는 거야.

추가적으로 PX 상품은 모두 면세 상품이라고 오해하는 경우가 있어. 일부 면세 주류를 판매하기 때문에 다른 모든 상품도 면세라 생각하는 건데, 이건 사실이 아냐.

면세라 함은 상품에 포함된 부가가치세가 없다는 것인데, 국군복지단은 업체들에게 PX라는 판매 장소를 제공하는 것일 뿐, 직접 물건을 구매해서 장병들에게 되팔지 않아. 즉 PX에서 상품이 판매되면 매출액은 복지단을 거쳐 곧바로 업체에게 입금되기 때문에 부가가치세가 포함된 가격으로 판매하는 거야.

PX에서 받은 영수증을 잘 봐. 부가가치세 10%가 포함된 걸 알 수 있을 거야.

두 번째, PX 물품은 시중 마트에서 파는 물품과 다르지 않을까?

PX에 납품하려면 1차 할인율 전쟁을 통과하고, 2차 영수증 검증을 통과해야 해. 그리고 다른 여러 가지 확인 과정도 거쳐야 해.

PX에 물건을 납품하고 싶은 업체는 샘플을 제시해야 하는데 국군복지단에서는 샘플 검사와 각종 심의를 통해 합격 여부를 결정해. 그리고 판매 중이거나 판매 예정인 상품도 복지단 차원에서 성분 검사를 할 수 있어. 예를 들어 PX 판매 상품 중 곰팡이가 식별되었거나, 화장품 알레르기가 발생한 경우 복지단에서는 성분 검사를 하고 후속 조치를 하지.

그리고 사실 업체 입장에서도 PX에 납품하는 상품만 별도로 생산하려면 다른 설비로 추가 작업을 해야 하는데 이윤이 남지 않아서 하지 않을 거라 생각해.

마지막으로 PX가 이렇게 저렴하다면 부대와 수의계약이 가능할까?

계약 장교인 우리뿐만 아니라 소대장, 중대장, 행정보급관, 주임원사 등 많은 인원이 PX에서 물건을 구매해. 가장 가까이 있고 저렴하기 때문에 부대를 운영하며 필요한 행정 용품, 화장품, 체육 기자재, 음식물 등 대부분의 물건을 이곳에서 사고 있지.

예를 들어 강원도 전방에서 중대장을 하고 있는 홍희웅 대위는 사단장님께서 주신 격려금으로 체육 기자재를 사서 소대별로 나눠 주기로 했어. 부대 내에서 가볍게 즐길 수 있는 족구공과 탁구채 등을 사려고 이곳저곳을 알아봤는데, 부대가 너무 산골 오지에 있는 관계로 대부분 납품하길 꺼렸고, 납품하겠다는 업체도 배송비가 많이 든다며 가격을 비싸게 불렀어.

더군다나 부대 내 PX는 규모가 크지 않아서 담배나 과자 등이 전부였는데, 이럴 경우 어떻게 해야 할까?

이럴 때는 인터넷이나 인트라넷 국군 홈페이지를 활용하면 돼.

사진을 보면 족구공과 탁구채가 보이지? 홍 대위는 비싸게 주문할 필요도 없고, 직접 사러 멀리 갈 필요도 없어. PX 관리관에게 물품을 가져다 달라고 요청하면, 며칠 뒤에 PX에 가져다 놓을 거야.

이렇게 하는 이유는 PX별로 진열 상품이 다르기 때문이야. 왜냐하면 PX별로 고객이 다르거든. 마치 대형 마트에서 아이들 과자 옆에 아빠 맥주가 진열되어 있듯이 부대 PX도 관리관 입장에서 가장 많이 팔리는 상품 위주로 진열을 해.

군인 아파트에 있는 영외 PX에서는 쌀도 팔고 고추장도 팔지만, 병사들만 이용하는 부대 내 PX는 쌀을 팔지 않지. 그래서 진열되지 않은 상품은 홈페이지를 통해 소개하고 있다고 생각하면 돼.

그럼 중대장뿐만 아니라, 계약 장교인 우리도 이렇게 계약할 수 있을까? 물론 할 수 있지. 몇 가지 절차를 거친다면 가능해.

대단한 절차는 아니고 내가 누누이 강조한 '기초 예비가격 조서'를 작성하면 돼.

앞서 예정가격 작성 시 기준은 "계약 담당자가 2개 이상의 업체를 대상으로 직접 조사하는 가격"이라고 얘기한 걸 기억할 거야.

PX 물품이 많이 싸다 하더라도 1개 업체에 불과하기 때문에 우리는 또 다른 업체로부터 가격을 확인해야 해. 아마 비교를 해본들 PX보다 싸진 않을 거야. 말했듯이 할인율 전쟁을 통과한 물품이라 시중 거래 가격보다 비쌀 수가 없어.

만약 똑같은 상품인데 시중 마트에서 더 싸게 판다면 국군복지단에 신고하면 돼. PX에 납품한 물품은 시중보다 더 비싸게 팔 수 없어. 신고를 받은 국군복지단은 PX보다 싸게 파는 매장을 또다시(?) 찾아가 확인할 거야. 노고가 많으시지.

그리고 승낙 사항 작성을 통해 계약서를 대체하면 될 거야.

마지막으로 PX 이용을 하면서 이런 생각을 할 수 있어.

PX 판매 대금이 업체에 직접 입금된다면, PX를 이용하는 것이 우리 군을 위해 어떤 도움이 되는가?

PX는 가격이 저렴할 뿐만 아니라 사실 우리 군에도 많은 도움이 돼.

PX 관리관은 일일 단위로 판매 대금을 복지단으로 입금하고, 복지단에서는 10% 내외의 판매 수수료를 공제한 뒤 업체에게 지급하는데, 그 판매 수수료는 국방부에서 관리하는 군인복지기금에 적립돼.

국방부는 연 단위 계획을 수립해서 군인복지기금을 장병들의 복지를 위해 다시 사용하는데, 우리가 쓰는 풋살장이나 체육 기자재, 중대별로 설치되어 있는 정수기 등이 대표적으로 군인복지기금에서 나온 것들이야.

어때 PX 계약에 대해 대충 이해가 되지? 조금 특이한 방식의 계약이지만 앞으로 계약업무를 할 때 많은 도움이 될 거야.

PX를 이용할 때 장병들의 복지를 위해 노력하는 국군복지단을 위해 감사한 마음을 갖도록 하자.

오늘도 난 아들과 함께 집에서 냉동피자를 돌릴 예정이야.

그들만의 리그
(중소기업자 간 제한경쟁)

대한민국에서 자영업으로 먹고 살기에는 너무 힘들어졌다고 해.

국민의 20%는 중소기업을 운영하고 있고 대부분의 사람은 중소기업에 종사한다고 하는데 중소기업이 어렵다면 대한민국 어렵다는 것과 같은 말이지.

중소기업자들의 먹고 살길을 열어주기 위해서일까 국가계약에서도 제한경쟁의 범주에 중소기업자만이 참여할 수 있는 제도를 두었어.

흔히 '중소기업자 간 제한경쟁'이라고 부르는데, 오늘은 이것에 대해 알아볼까 해.

사실 우리가 야전에서 하는 대부분의 계약은 이 '중소기업자 간 제한경쟁'의 테두리를 안에 있다고 해도 과언이 아니야.

이미 알고 있듯이 국가계약에서 기본은 일반경쟁계약이야. 제한경쟁도 지명경쟁도 수의계약도 모두 "~ 할 수 있다"라고 되어 있기에 처음에는 일반경쟁을 염두에 두고 사업을 추진해야 하지.

하지만 중소기업 제품 구매 촉진 및 판로 지원에 관한 법률(이하 판로지원법)은 국가계약법과의 관계에서 특별법적인 성격을 가지고 있기때문에 '중소기업자 간 제한경쟁'만큼은 일반경쟁보다 제한경쟁을 우선 적용해야 해. 국가계약법 제3조에 보면 "국가를 당사자로 하는 계약에 관하여는 다른 법령에 특별한 규정이 있는 경우를 제외하고는 이 법률이 정하는 바에 의한다."라고 되어 있는데, 판로지원법이 그 특별한 규정이야.

'중소기업자 간 제한경쟁' 방법은 크게 두 가지로 분류하고 있어.

첫 번째는 '중소기업자 간 경쟁제품'을 조달할 때이고, 두 번째는 '중소기업자 우선 조달'(고시한 금액 미만의 물품 및 용역계약)을 추진할 때야.

중소기업 제품 구매 촉진 및 판로 지원에 관한 법률 (약칭: 판로지원법)

제4조(구매 증대)
② 공공기관의 장은 「국가를 당사자로 하는 계약에 관한 법률」 제4조 제1항에 따라 기획재정부 장관이 고시한 금액 미만의 물품 및 용역에 대하여는 대통령령으로 정하는 바에 따라 중소기업자와 우선적으로 조달계약을 체결하여야 한다.

제6조(중소기업자 간 경쟁 제품의 지정)

① 중소벤처기업부 장관은 중소기업자가 직접 생산·제공하는 제품으로서 판로 확대가 필요하다고 인정되는 제품을 중소기업자 간 경쟁 제품으로 지정할 수 있다.

제7조(경쟁 제품의 계약 방법)

① 공공기관의 장은 경쟁 제품에 대하여는 대통령령으로 정하는 특별한 사유가 없으면 중소기업자만을 대상으로 하는 제한경쟁 또는 중소기업자 중에서 지명 경쟁 입찰에 따라 조달계약을 체결하여야 한다.

먼저 첫 번째인 '중소기업자 간 경쟁제품'을 조달할 때를 알아보자.

2019년 기준 중소기업자 간 경쟁 제품은 200개가 넘어. 그림에서 보는 것처럼 '중소기업자 간 경쟁 제품' 목록은 중소기업청이나 국군 재정관리단 홈페이지에 확인할 수 있으니 참고해.

여기에 해당하는 물품을 구매할 때는 반드시 '중소기업자 간 제한 경쟁'을 해야 하는데, 예를 들어 중소기업자 간 경쟁 제품인 강연대를 구매한다면 공고문에 "중소기업자 간 제한 경쟁"임을 기재해야 해. 그리고 또 중요한 게 있는데 다른 계약 방법에는 없지만 낙찰 업체가 물품을 직접 만드는지 확인을 해야 해. 이걸 '직접 생산 확인'이라고 불러.

< 중소기업자 간 경쟁 제품 >

구분	산업군	제품군 제품명	세분류		세부분류		산업분류 번호	특이사항
			세	품명	세부	세부품명		
1	가구	가구	56121804	강연대	5612180401	강연대	32021, 32029, 32091, 32019	
			44111907	게시판또는액세서리	4411190701	게시판또는액세서리		
			56121009	경사진열람대	5612100901	경사진열람대		
			56121502	교실용걸상	5612150201	교실용걸상		
			56112105	라운지용의자	5611210501	라운지용의자		
			56101520	로커	5610152003	군용사물함		
					5610152001	사물함		
			56101793	보조책상	5610179301	보조책상		
			56111902	산업용작업대	5611190201	산업용작업대		
			56101502	소파	5610150201	소파		
			56121505	수강용탁자	5612150501	수강용탁자		
			56121903	수장고용수납장	5612190301	수장고용수납장		
			56101543	식탁	5610154302	상		
					5610154301	식탁		
			56101531	신발장	5610153101	신발장		공공분양주택제외
			56122001	실험대	5612200101	실험대		
			56122002	실험실용보관장또는 보조용품	5612200205	시약보관대	32029	교육 및 실험용 과학기기에 한함
					5612200201	실험기구진열장		
			56122004	실험실용씽크대	5612200401	실험실용씽크대	32021, 32029, 32091, 32019	
			56121099	이동식서가	5612109901	이동식서가		
			56121402	이동식스툴테이블	5612140201	이동식스툴테이블		
			56101708	이동형파일서랍	5610170801	이동형파일서랍		
			56112102	작업용의자	5611210201	작업용의자		
			56101516	장롱	5610151601	장롱		
			56121902	전시용진열대	5612190201	전시용진열대		
			56101542	접이식의자	5610154201	접이식의자		
			52152204	가정용조리대	5215220401	가정용조리대		
			48102095	상업용조리대	4810209501	상업용조리대		
			56101538	찬장	5610153801	찬장		찻장포함
			56101703	책상	5610170301	책상		
			56112108	책상용콤비의자	5611210801	책걸상		
			56101507	책장	5610150701	책장		
			56101592	청소도구함	5610159201	청소도구함		

'직접 생산 확인'은 말 그래도 낙찰자로 선정된 업체가 직접 물건을 제조할 능력이 되는지를 확인한다는 뜻이야. '직접 생산'을 확인하는 이유는 중소기업자 간 경쟁입찰에서 낙찰받은 후에 대기업 제품, 수입 제품 또는 하도급 생산한 제품을 납품하는 걸 방지하기 위해 마련된 제도라 할 수 있어. 그렇기 때문에 중소기업자 간 경쟁 제품에 대한 계약은 구매계약이 아니라 제조계약에만 해당한다고 할 수 있지.

참고로 '직접 생산 확인'은 공공 구매 종합 정보망(www.smpp.go.kr)에서 조회가 가능한데, 공고문에 명시한 산업분류번호와 낙찰자로 결정이 예상되는 업체가 공공 구매 종합 정보망에 등록한 산업분류번호와 일치하는지 확인하면 돼.

직접 생산 확인이 되었다면 다음으로 중소기업자 간 제한경쟁에만 있는 '계약이행 능력평가'를 실시해야 해.

'계약이행 능력평가'는 국방부 '적격심사기준'과 비슷하지만 일부 다른 부분이 있는데, 가장 차이가 나는 부분은 낙찰자 결정 기준이야. 적격심사는 종합 평점이 95점 이상이면 낙찰이 가능하지만, 계약이행 능력평가는 종합 평점이 88점 이상이면 돼.

그럼 사례를 통해서 '중소기업자 간 경쟁 제품'은 어떻게 계약하는지 알아보자.

추정가격 1억 원짜리 사무용 책상 계약 의뢰가 접수되었는데, 나라장터에는 요구 조건을 충족하는 제품이 없었어. 물품 제조 일반경쟁을 검토했지만 책상은 중소기업자 경쟁 제품(산업분류번호 32021 등)이기 때문에 중소기업자 간 제한 경쟁을 추진해야 해.

물품 제조 일반경쟁의 경우 적격심사를 했을 테지만, 중소기업자 간 제한 경쟁이기에 '계약이행 능력평가'를 했고 종합 평점이 88점 이상인 업체와 계약을 체결할 수 있었어. 물론 공공 구매 종합 정보망에 조회 결과 직접 생산도 확인이 가능했어.

그럼 두 번째인 '중소기업자 우선 조달'(고시한 금액 미만의 물품 및 용역계약)을 추진할 때를 알아보자.

이건 계약하고자 하는 물품이 중소기업자 간 경쟁 제품이 아니라 할지라도, 기획재정부 장관이 고시한 금액(2.1억 원) 미만의 물품 및 용역계약을 추진할 경우 중소기업과 우선적으로 조달계약을 체결하라는 의미야.

구체적으로는 1억 원 미만과 1억 원 이상으로 구분되는데 아래 표에서 보는 것과 같아

금　액	입찰참여 자격	유찰시
1억 원 이상 ~ 2.1억 원 미만	중소기업자	제한 없음
1억 원 미만	소기업 또는 소상공인	중소기업자

사례를 들어서 설명해 볼게.

추정가격 9천만 원짜리 운동화 구매계약이 접수되었어. (1억 원짜리 구매계약을 야전에서 할 일은 없지만 설명을 위해 가정했어) '중소기업자 우선 조달' 제도에 따라 '소기업 또는 소상공인'만을 대상으로 한 제한 경쟁 공고문을

게시했어.

하지만 이 경우에는 직접 생산을 확인하지 않아. 왜냐하면, 제조계약이 아니라 구매계약이거든. 즉 낙찰 업체는 사양에 충족하는 물품이라면 구매해서 납품해도 무방하다는 뜻이야. 단 낙찰 업체는 반드시 공공 구매 종합 정보망에 '소기업 또는 소상공인'으로 등록되어 있어야 하지.

그런데 계약이행 능력평가에서 모두 탈락해서 유찰이 되어 버렸네.

재공고를 나가야 하는데 이때는 어떤 사유로 유찰이 되었느냐에 따라 다시 '소기업 또는 소상공인' 간 제한경쟁을 할지 아니면 한 단계 높여서 '중소기업자' 간 제한경쟁을 할지 결정해야 해. (통상 계약이행 능력평가에서 유찰이 되면 같은 조건으로 재공고를 나가)

이번엔 중소기업자 간 제한 경쟁으로 공고를 냈고, 낙찰자는 계약이행 능력평가를 통해 최저가 입찰자 중 종합 평점이 88점 이상인 자로 결정되었어.

여기까지는 이해가 됐는데 추가적으로 궁금한 점이 생길 거야.

야전에서는 추정가격 5,000만 원 이상일 경우 국군재정관리단으로 중앙계약 의뢰를 하고, 그 미만의 경우에는 대부분 공개 수의계약으로 추진하는 하는데, 공개 수의계약을 할 때도 입찰참가 자격을 중소기업자로 제한해야 하냐는 거야.

결론부터 말하자면 비공개 수의계약의 경우 '중소기업자 간 경쟁제품'과 '중소기업자 우선 조달' 모두 중소기업자로 제한할 필요가

없고, 반대로 공개 수의계약의 경우에는 '중소기업자 간 경쟁 제품'
과 '중소기업자 우선 조달' 모두 제한해야 해.

단 공개 수의계약 시 '중소기업자 간 경쟁 제품'과 '중소기업자 우
선 조달'의 방법이 약간 다른데 지금부터 설명할게.

우선 표를 먼저 보자

구 분	중소기업자간 경쟁 제품		중소기업자 우선 조달 (중소기업자간 경쟁 제품 ×)	
	제한경쟁	공개 수의계약	제한경쟁	공개 수의계약
입찰참여	중소기업만 가능			
낙찰자 결정	계약이행 능력평가	낙찰하한율	계약이행 능력평가	낙찰하한율
직접 생산 확 인	필 요	1천만 원 초과 시 필요	불필요	불필요

앞서 입찰참여의 경우 중소기업자 간 경쟁 제품을 불문하고 고시
금액(2.1억 원) 이하일 경우 반드시 중소기업만 참여가 가능하고 말했어.

그럼 '중소기업자 간 경쟁 제품'을 조달할 때 낙찰자 결정은 어떻게 할까?

첫째, 중소기업자 간 경쟁 제품을 중소기업자 간 제한 경쟁으로 추
진할 때에는 당연히 계약이행 능력평가를 통해 낙찰자를 결정해야
해. 하지만 공개 수의계약의 경우에는 적용하지 않아.

수의계약은 특정 업체 또는 특정 제품을 구매할 목적으로 불가피하
게 경쟁계약을 하지 못해서 추진하는 방법이고, 공개 수의계약은 국방

부 계약업무 처리훈령에 의거 계약 행정의 간소화를 위해 낙찰하한율만을 고려하기 때문이야. 공고 기간이 짧은 것도 같은 이유에서지.

둘째, '직접 생산 확인'은 중소기업자 간 제한 경쟁을 한다면 당연히 필요하지만, 공개 수의계약의 경우에는 추정가격 1천만 원이 초과할 때만 확인하면 돼.

중소기업 제품 구매 촉진 및 판로 지원에 관한 법률 (약칭: 판로지원법)

제9조(직접 생산의 확인 등)

① 공공기관의 장은 중소기업자 간 경쟁의 방법으로 제품 조달계약을 체결하거나, 다음 각호의 어느 하나에 해당하는 경우로서 대통령령으로 정하는 금액 이상의 제품 조달계약을 체결하려면 그 중소기업자의 직접 생산 여부를 확인하여야 한다.

　　1. 「국가를 당사자로 하는 계약에 관한 법률」 제7조 따라 경쟁 제품에 대하여 수의계약의 방법으로 계약을 체결하는 경우로서 대통령령으로 정하는 경우

중소기업 제품 구매 촉진 및 판로 지원에 관한 법률 시행령

제10조(직접 생산의 확인 등)

① 법 제9조 제1항 각호 외의 부분 본문에서 "대통령령으로 정하는 금액"이란 추정가격 1천만 원을 말한다.

'중소기업자 경쟁 제품'의 가장 큰 특징이 '직접 생산 확인'이라고 했어.

판로지원법에서는 추정가격 1천만 원 이상 '중소기업자 경쟁 제품'을 구매하기 위해서는 반드시 직접 생산을 확인하라고 명시한 걸

확인할 수 있어. 다시 말해 1천만 원 이상 중소기업자 간 경쟁 제품을 조달할 때는 수의계약이든 제한 경쟁이든 반드시 직접 생산을 확인해야 한다는 뜻이지.

이런 규정을 만든 이유를 조금 더 설명하면, 2006년 대기업 또는 수입 유통업체가 국내 시장에 장악하는 것을 방지하고 중소기업의 판로 확대와 경영 애로를 해소하기 위해 일부 제품의 경우 중소기업자 등만 경쟁을 통해 납품이 가능하도록 의무화했어. 제품은 '국내에 직접 생산/납품하는 중소기업이 10개 이상이 있거나', '공공기관의 연간 구매 수요가 10억 원 이상일 경우'에 경쟁 제품으로 지정했지.

이런 이유로 수의계약을 통해 '중소기업자 간 경쟁 제품' 계약할 때에도 직접 생산을 확인해야 해.

다음으로 중소기업자 경쟁 제품이 아닌 '중소기업자 우선 조달'을 적용한 사례야.

설명을 위해 '중소기업 간 경쟁 제품'이 아닌 추정가격 4천만 원짜리 물품을 공개 수의계약을 통해 한다고 하자. 이때에도 '중소기업자'만 입찰에 참여하게 해야 하는지 그리고 '직접 생산 확인'과 '계약 이행 능력평가'를 해야 하는지 알아볼게.

우선 입찰 참여는 소기업 및 소상공인만 가능해. 왜냐하면, 앞서 얘기했듯이 판로지원법에서는 중소기업자와 소기업 및 소상공인을 구분하고 있어.

금　　액	입찰참여 자격	유찰 시
1억 원 이상 ~ 2.1억 원 미만	중소기업자	제한 없음
1억 원 미만	소기업 또는 소상공인	중소기업자

그리고 낙찰자 결정은 중소기업자 간 경쟁 제품을 공개 수의계약을 통해 구매할 때와 마찬가지로 낙찰률을 적용하면 돼. 마지막으로 '직접 생산 확인'은 당연히 할 필요가 없어. '중소기업자 경쟁 제품' 기업자 경쟁 제품이 아니거든. 그렇기 때문에 누구나 참여가 가능해.

이제 중소기업자 간 제한 경쟁에 대해 조금은 알겠지?

마지막으로 제한 경쟁 시 중복 제한 금지 규정에 대해 알려줄게.

국가계약법에서 총 10가지 제한경쟁 시 제한 사항을 규정하고 있는데 세부적으로는 아래와 같아.

순번	제한 내용	비　고
1	공사 실적	건설공사 30억 원, 전문공사 등 3억 원 이상
2	특수 기술 또는 공법이 요구되는 공사	
3	특수한 설비 또는 기술이 요구되는 물품 제조	
4	품질 인증 등을 받은 물품	
5	특수한 기술이 요구되는 용역	
6	지역 제한	주된 영업 소재지
7	공사의 성질별 규모별 제한	

8	중소기업자 간 제한	중소기업자 간 경쟁 제품 또는 중소기업자 우선 조달
9	재무 상태	
10	특정 지역에 소재하는 자가 생산하는 물품	지방중소기업 특별지원지역 입주자 등

국가계약법 시행령 제25조에서는 제한 경쟁을 할 때 표에서 제시한 제한 사항을 중복적으로 적용해서는 안 된다고 명시하고 있어. 즉 공사 실적(1번)과 특수 기술 보유 상황(2번)을 모두 갖춘 자에게만 입찰 참가 자격을 부여하거나, 재무 상태(9번)와 품질 인증(4번)을 모두 갖춘 자로 제한해서는 안 된다는 의미야.

근데 딱 두 가지 경우에 한해 중복 적용을 허용하고 있어.

첫 번째는 공사 실적과(1번)과 지역 제한(6번)을 동시에 제한할 수 있고, 두 번째는 중소기업자 간 제한 경쟁(8번)과 특정 지역 소재 업체(10번)는 다른 모든 제한 사항과 중복할 수 있어.

예를 들어 중소기업자 간 제한 경쟁(8번)을 하면서 지역 제한(6번)을 할 수 있고, 중소기업자 간 제한 경쟁(8번)과 품질 인증(4번)을 중복해서 제한할 수 있어.

참 대단하지 않아? 중소기업자 간 제한 경쟁은 실로 무소불위의 조항이라고 할 수 있어.

중소기업자 간 제한 경쟁(8번)은 다른 모든 제한 사항을 중복해서

할 수 있으니 국가계약에서 대부분의 공고는 중소기업만 참여가 가능할 거야.

결론적으로 판로지원법은 중소기업의 생존을 위해 여러 가지 역할을 하고 있어.

그만큼 국가에 있어서 중소기업이 중요하기 때문에 보호할 필요가 있다고 보는 거지. 그만큼 우리도 중소기업자 간 제한 경쟁을 제대로 알고 적용해야 해.

제2장 대금 지급 및 사후 관리

대금은 언제까지 줘야 할까?
(대가 지급 시기)

너는 결혼을 언제할 거야? 아니 정확하게 몇 월에 할 거야?

군 생활을 10년 넘게 하다 보니 우리 재정 장교들에게는 공통점이 있다는 걸 알게 되었어. 바로 결혼기념일이 대부분 2~3월이라는 거야. 우리 와이프도 크리스마스의 신부가 되고 싶어 했지만, 내 사정 때문에 다음 해 2월에 결혼했어. 그 이유는 대부분의 재정 장교들이 바쁜 시기를 제외하다 보니 주로 늦겨울이나 초봄에 결혼을 하게 돼.

1월에는 올해 예산 집행 준비한다고 바쁘고, 월초에는 지난달 자금 결산하느라 바쁘고, 월말에는 월 결산한다고 바쁘고, 분기에는 분

기결산, 6월에는 예산 조기 집행, 9월에는 중간결산, 연말에는 연말 결산…. (적고 보니 안 바쁜 날이 없네)

특히 연말과 추석 명절 전에는 퇴근이라는 개념이 무색할 정도로 바쁘기 때문에 가끔 사무실에서 자기도 해.

내가 군수 부대에서 근무할 때 있었던 일이야. 그 부대는 1천억 원이 넘을 정도로 예산이 많았는데, 그만큼 계약 건수도 많았어.

계약 건수가 많다는 것은 대금 줘야 할 일도 많고 상대해야 할 업체도 많다는 뜻이야.

추석 명절을 얼마 앞두고 다들 설레는 마음에 휴가를 계획하고 있을 때쯤, 계약 업체 사장으로부터 전화가 왔어. 화가 머리끝까지 났는지 거의 샤우팅에 가까운 목소리로 공사를 끝낸지가 언젠데 아직 돈을 안 준다며 고래고래 소리를 치는 거야. '이래서 군대가 안 된다. 갑질이다' 등 욕까지 섞어가며 어찌나 화를 내는지 하마터면 나도 한바탕 싸우고 싶었어.

겨우겨우 진정시키고 자세히 말씀해 주시면 확인하겠다고 하니, 업체 사장은 추석이 코앞이라 빨리 공사 대금을 회수해야 직원들에게 상여금을 줄 수 있고, 가져다 쓴 건축자재값을 지급할 수 있다는 거야. 그리고 공사감독관한테는 여러 차례 대금을 달라고 했는데 '검토 중이다, 준공 원가계산서가 이상하다'라며 트집만 잡는다는 거야.

나는 공사감독관이 업무를 게을리하는 줄 알고 씩씩거리며 전화를 했어.

그런데 공사감독관은 법령에 준공검사 요청일로부터 14일 이내에 준공검사를 하면 되고, 준공보고서 작성하는 데 시간이 필요하다. 그리고 업체로부터 공사 대금을 달라고 전화를 받은 적이 없다는 거야.

나는 업체를 대신해 따지려고 전화했는데 규정에 의한 준공 처리를 하고 있다고 하니 할 말이 없어 "네… 고생하십니다. 그래도 명절 앞이니 좀 빨리 검토해주세요."라고 부탁만 하고 전화를 끊었어.

'내 화를 누구에게 풀까…'라는 심정으로 국가계약법을 확인해 봤어.

> **시행령 제58조**(대가의 지급)
> ① 법 제15조 제2항에 따라 국고의 부담이 되는 계약의 대가는 제55조에 따른 검사를 완료한 후 계약 상대자의 청구를 받은 날부터 5일 이내에 지급하여야 한다.

음… (준공)검사를 완료한 후 계약 상대자의 청구를 받은 날로부터 5일 이내에 지급해야 하는구나. 근데 계약 상대자의 청구를 받은 날이 언제지?

공사감독관한테 돈 달라고 한 날이 청구일인가? 아니면 오늘처럼 계약 장교한테 전화해서 고래고래 소리를 친 날인가? 이것도 아니면 최종 대금을 지급하는 지출관이 서류를 접수한 날인가?

정확한 해석은 계약 업체가 발송한 '대금 지급 의뢰 공문'을 접수한 날이 되겠지만, 통상적으로 공문을 보내진 않아. 그래서 업체가 세금계산서를 발행한 날을 청구일로 산정하는 게 맞아.

> **부가가치세법 제17조**(재화 및 용역의 공급 시기의 특례)
> ② 사업자가 재화 또는 용역의 공급 시기가 되기 전에 제32조에 따른 세금계산서
> 를 발급하고 그 세금계산서 발급일부터 7일 이내에 대가를 받으면 해당 세금
> 계산서를 발급한 때를 재화 또는 용역의 공급 시기로 본다.

난 업체 사장님에게 전화해 세금계산서를 발행하지 않았으면서 왜 돈 달라고 따지냐며 퍼붓고 싶었지만 그럴 수 없었어. 사실 민원이 걱정이었거든.

"사장님. 여러모로 번거롭게 해드려 죄송합니다. 최대한 빨리 대금을 지급해 드릴 테니 잠시만 기다려 주세요."

사실 그 사장님도 공사감독관이 준공보고서를 작성 중인걸 알고 있었지만, 건축자재를 납품한 업체가 돈 달라며 사무실에 찾아와서 생떼를 쓰는 바람에 일부러 들으라고 전화한 거였어.

이렇게 난 마지막 통화를 끝내고 다음 날 돈을 드렸어.

그리고 이런 일을 여러 번 겪고 나서 12월 31일이 되었지. 마지막 계약대금을 지출하고 밤하늘을 보는데 이런 생각이 들더라.

'아, 산타 할아버지는 올해도 우리 아들에게 선물을 주지 못했구나…'

지금도 우리 아들은 산타가 머리맡에 선물을 두고 갈 때 눈을 파르르 떨며 자는 척을 해.

자주 이사 다녀서 힘들 텐데 투정 부리지 않는 우리 아들을 보면 가끔 미안해지기도 해.

공사 시작도 안 했는데 왜 돈을 먼저 주지?
(선금과 기성금)

'노쇼(No Show)'는 예약을 했지만 취소 연락 없이 예약 장소에 나타나지 않는 손님을 일컫는 말로, 최근엔 노쇼로 인한 피해 규모가 커지면서 사회적 문제로 부각되고 있다고 해.

얼마 전에 '노쇼'가 심각하다는 뉴스를 봤어. 제주도에서 음식점을 하는 사장님은 30명의 단체 손님을 예약받고 좋아했는데, 당일 단체 손님이 나타나지 않아서 새벽부터 준비한 생선과 밥을 버려야 했다고 해. 예약을 하고도 나타나지 않은 단체 손님들이 얼마나 야속했을까. 눈물을 보이며 인터뷰를 하던데 안타깝더라. 최소한 예약금이라도 받았다면 손해를 줄일 수 있었을 텐데….

우리 국가계약에서도 예약금과 비슷한 제도가 있어. 바로 '선금'이라 불리는 제도인데 오늘 알려줄 주제이기도 해.

앞서 계약은 편성된 예산 범위 안에서 추진해야 한다고 말한 걸 기억할 거야. 그래서 국가계약에서는 '노쇼'가 일어날 수가 없어. 더군다나 선금까지 지급하고 있기에 업체는 계약 체결과 동시에 자재 준비 등을 위한 자금을 융통할 수 있고, 계약에 대한 확신을 가질 수 있어.

마치 음식점 사장님이 생선과 밥을 준비할 수 있게 돈을 먼저 드리는 거지.

국가 또한 계약 업체의 자금난을 해소하고 안정적인 계약 이행을 도모할 수 있기 때문에 여러모로 유익한 제도야.

그럼 '선금'에 대해 자세히 알아볼까?

우선 선금의 지급 범위는 기획재정부 「계약예규 정부입찰·계약 집행기준」에서 명시하고 있어.

계약예규 정부입찰·계약 집행기준 제12장 선금의 지급 등

제34조(적용 범위)

① 계약 담당 공무원은 다음 각호의 요건을 충족하는 경우로서 계약 상대자가 선금의 지급을 요청할 때에는 계약금액의 100분의 70을 초과하지 아니하는 범위 내에서 선금을 지급할 수 있다. 다만 계약 상대자가 선금 의무 지급률 이하로 신청하는 경우에는 신청한 바에 따라 지급한다.

1. 공사, 물품 제조 또는 용역계약

이 조항에서 알아둬야 할 용어는 '100분의 70'과 '물품 제조'야.

먼저 선금은 최대 70%까지 지급할 수가 있어. 계약금액이 1억 원이라면 7천만 원까지 지급이 가능해. 하지만 계약이 2년 이상 소요되는 경우 단순하게 70%라고만 생각하면 안 돼.

예를 들어 설명할게.
○ 계약 기간: 2020. 7. 1~ 2021. 6. 30
○ 계약 금액

구 분	계	'20년 계약액	'21년 계약액
계약 금액	1억 원	5천만 원	5천만 원

이 경우 단순히 계약금액의 70%까지 가능하다고 해서 7,000만 원을 지급하거나, 적어도 2020년 예산인 5,000만 원까지는 줄 수 있다고 생각할 수 있어.

하지만 2020년 지급할 수 있는 선금은 3,500만 원이야. 정부입찰·계약 집행기준 제34조 제6항에는 다년차 계약의 경우 각 연차 계약금액을 기준으로 계산하라고 되어 있어. 계속비 계약이든 장기 계속계약이든 각 연차별 금액을 기준해야 해. 즉 2020년 지급할 수 있는 선금은 2020년 예산액의 70%인 3,500만 원이지.

다음으로 '물품 제조'에 대해 알아보자.

물품은 제조계약이 있을 수 있고, 상용품인 경우 구매계약을 체결할 수도 있어. 그런데 이 규정을 보면 물품은 제조계약일 경우에만 선금이 나갈 수 있다는 뜻인데, 구매계약은 왜 줄 수 없을까?

왜냐하면, 선금은 제조 업체가 자재 구매 간 발생할 수 있는 자금난을 해소해 주기 위한 목적이기 때문이야. 구매 납품은 물건을 만들어서 조달하는 것이 아니잖아. 그래서 업체가 미리 투입해야 할 자재도 없는 거지.

그리고 선금 의무 지급 비율이라는 것도 있어.

공 사	물품 제조 및 용역	수해복구공사
• 100억 원 이상: 30% • 20억~100억 원: 40% • 20억 원 미만: 50%	• 10억 원: 30% • 3억~10억 원: 40% • 3억 미만: 50%	• 20억 이상: 50% • 20억 미만: 70%

의무 지급 비율이라는 것은 계약을 하면 반드시 지급해야 하는 비율을 말해.

어쩌면 이 규정 때문에 업체들이 국가계약을 선호하는 것일 수도 있어. 민간 기업에서는 대부분 어음으로 대가 지급을 하는데, 국가계약은 공사 끝나면 바로 현찰로 돈을 주고, 심지어 미리 선금까지 주니까.

그러면 업체가 신청하지도 않았는데 지급을 해야 하나?

그건 아니야. 모든 선금은 업체의 신청이 있을 경우에만 지급이 가능해. 선금을 요구하지 않는다면 안 줘도 괜찮아. 그리고 선금은 업체의 청구를 받은 날로부터 14일 이내에 지급하면 돼. 기성금이랑 준공금은 5일이었지? 헷갈리지 마.

하지만 선금 의무 지급 비율이라고 해서 무턱대고 줘서는 안 돼. 계약이 끝나기 전에 미리 주는 돈이기 때문에 만약의 사태를 대비해야지. 아르바이트를 할 때 가불을 받기 힘든 것도 같은 이유야. 가불 받고 출근 안 하면 사장은 곤란해지기 때문에 대부분 안 주려고 하지.

그래서 선금을 지급하기 위해서는 몇 가지 필요조건이 있는데, 지금부터는 '선금 지급 조건'에 대해 알아보자.

첫째, 채권 확보를 해야 해.
이건 알바생이 가불을 받고 출근을 안 했을 때를 대비한 보험이라고 생각하면 돼. 우리도 선금을 줬는데 업체가 시공을 안 하거나, 선금 회수 요건에 해당하면 보험사에 연락해 선금을 회수할 수 있어.
국가계약에서는 선금을 지급할 때 '선급금 보증서'라는 서류를 추가적으로 받는데, 서울보증보험 또는 각 전문공사협회에서 발행해. 참고로 '선급금 보증서' 보증 기간 개시일은 선급 지급일 이전이야 하고 종료일은 계약 기간 종료일로부터 60일 이상이어야 하는 걸 알아둬.

둘째, 선금은 하수급인을 포함한 노임 및 자재 확보에 사용해야 해.

만약 다른 용도로 사용하면 선금을 사용한 기간만큼 이자를 붙여서 회수해야 해.

근데 계약예규 '정부입찰·계약 집행기준' 제36조에는 공사계약의 경우 노임은 선금 지급 대상이 안된다고 되어 있어. 이게 무슨 말일까?

계약예규 정부입찰·계약 집행기준 제12장 제36조 선금의 사용

제36조(선금의 사용)

① 계약 담당 공무원은 선금을 지급하고자 할 때에 해당 선금을 계약 목적 달성을 위한 용도와 수급인의 하수급인에 대한 선금 배분 이외의 다른 목적에 사용하게 할 수 없으며, 노임 지급(공사계약 및 시행규칙 제23조의3 각호의 용역계약은 제외) 및 자재 확보에 우선 사용하도록 하여야 한다.

사실 물자계약과 달리 공사계약은 노무비와 노무비 외 대금을 각각 별도의 계좌로 지급해야 해. 이걸 '노무비 구분 관리 및 지급 확인 제도'라고 불러. 이 제도는 노동자들이 급여를 못 받는 사례가 종종 있기 때문에, 국가에서 노동자들의 인건비 지급 여부를 직접 확인하기 위해 생긴 규정이야.

노무비를 받은 계약 업체(고용주)는 노동자들에게 인건비를 지급하고 계약 장교에게 확인을 받아야 해.

그런 의미에서 선금의 노무비 우선 지급의 필요성이 없게 된 점을 반영한 것이지, 계약액에서 노무비를 제외한 금액의 70%를 적용하라는 뜻은 아니야.

이해가 좀 어려울 수 있는데, 사례를 통해 구체적으로 알아보자.

첫 사례로 10억 원짜리 공사계약을 했어. 노무비가 20%이고 재료비가 50%, 기타 경비가 30%야. 이때 계산식은

① 공사계약금액(10억 원) × 70% = 7억 원(선금 최대 지급 범위)

② 재료비(5억 원) + 기타 경비(3억 원) = 8억 원

계약금액에서 노무비 20%를 빼면 8억 원인데, 선금 한도가 70%이기 때문에 7억 원을 줄 수 있어.

두 번째 사례는 똑같이 10억 원짜리 공사계약을 했는데, 노무비 40%, 재료비 40%, 기타 경비가 20%야.

① 계약 금액(10억 원) × 70% = 7억 원

② 재료비(4억 원) + 기타 경비(2억 원) = 6억 원

이 경우에는 선금 한도는 7억 원이나, 노무비를 제외한 부분만 지급해야 하므로 6억 원만 줄 수 있어.

그리고 주로 잘못 계산하는 사례를 알려주면

[공사계약금액(10억 원) – 노무비(4억 원)] × 70% = 4.2억 원

이 계산은 노무비를 제외한 금액 (10억 원-4억 원)에서 70%를 곱해서 4.2억 원만 지급하는 거야. 두 번째 사례처럼 노무비만 제외하고 지급했어야 하는 거지.

결론적으로 공사계약 시 노무비 지급 제외라는 말은 계약 금액의 70%까지 선금을 줄 수 있으나, 노무비에 해당하는 만큼은 제외하고 지급하라는 뜻으로 이해하면 돼, OK?

다음으로 선금을 지급한 후 기성금 지급에 대해 알아보자.

먼저 기성금은 지금까지 시공한 부분에 대한 대가를 청구한다는 말인데, 업체는 선금을 받고 공사를 하다가 어느 정도 공사가 진행되면 기성금을 청구해. 특히 공사 기간이 길수록 자금이 부족할 수가 있기 때문에 자주 청구하는 편이지.

그럼 기성금 지급 시 먼저 지급한 선금은 어떻게 공제하는지 알아볼까? 우선 계산식을 알고 있어야 해.

기성금 지급액 = 누계 기성분 - (선금 지급분 × 누계 기성분 ÷ 계약금액) - 기지급 기성금

예를 들어 설명할게.

10억 원짜리 공사계약을 하고 선금 7억 원을 줬는데, 공사가 50%쯤 진행되었을 때 업체가 기성금을 청구했어. 위 계산식을 대입해 보면

1.5억 원 = 5억 원 - (7억 원 × 5억 원 ÷ 10억 원) - 0원

공사가 50% 진행되었기 때문에 선금도 50%(7억 원의 50% = 3.5억 원)을 공제한 1.5억 원만을 지급하는 거야.

그런데 업체가 두 달 뒤에 또 기성금을 청구하는 경우, 이번에는 전체 계약금액 중 80%를 시공했다고 해. 이때 기성금 지급액은

0.9억 원 = 8억 원 - (7억 원 × 8억 원 ÷ 10억 원) - 1.5억 원

계약금액의 80%인 8억 원어치를 시공했지만, 선금도 80%를 정산하고, 기지급한 1.5억 원을 제외하면 0.9억 원만 지급하면 되는 거야.

그리고 마지막으로 준공을 했어. 최종 지급액은

0.6억 원 = 10억 원 - (7억 원 × 10억 원 ÷ 10억 원) - 2.4억 원

모든 공사를 다 했기 때문에 10억 원을 받을 수 있지만, 이미 7억 원을 선금으로 수령하고 2번에 걸쳐 2.4억 원을 기성금으로 받아갔기 때문에 나머지 6천만 원만 지급하면 대금 지급이 끝나는 거야.

어때 이해가 되지? 이해가 쉽지 않으면 그냥 계산식을 외워 버려. 그래도 무방해.

마지막으로 선금을 회수해야 하는 경우에 대해 알아보자.

계약예규 정부입찰·계약 집행기준 제12장 제28조 반환 청구
제38조(반환청구) ①계약담당 공무원은 선금을 지급한 후 다음 각호의 1에 해당하는 경우에는 해당 선금 잔액에 대해서 계약상대자에게 지체 없이 그 반환을 청구하여야 한다.
  1. 계약을 해제 또는 해지하는 경우
  2. 선금 지급 조건을 위배한 경우

이건 굳이 설명 안 해도 무슨 말인지 알거야.

나는 개인적으로 3번이 특히 중요하다고 생각해.

예전 IMF 때 하도급한 공사를 완료했지만 대금을 받지 못해 도산한 업체가 많았다고 해. 이걸 흔히 '흑자 부도'라고 하지.

공사계약에서 하도급은 정당한 행위지만, 과거 하수급인은 공사를 하고도 대금을 받기 위해 애원해야 했어. 당시에는 하수급인에 대한 대금 지급을 원도급 업자(최초 계약 업체)로 위임해서 일어난 일이었지.

계약을 하면서 하도급 계약을 승인해야 할 일이 종종 있을 거야. 그때는 반드시 하수급인에게 전화해서 대금을 받는 계좌가 서류와 일치하는지 물어봐야 해. 그리고 선금을 지급할 때도 하수급인에게 전화해 "원도급자가 선금을 타갔습니다. 배분해 달라고 하세요."라고 안내해 주면 더 좋겠지?

기성금은 하도급 업체에게 직접 지급하지만, 선금은 원도급 업체가 받아가기 때문에 하수급인에게 배분하지 않을 수 있거든….

부정당 업자 제재

　대기업뿐만 아니라 한국에서 영업 중인 대부분의 기업들은 국가 계약에 대한 의존도가 상당히 높다고 해. 연간 공공조달로부터 발생하는 금액이 123조 원 이상이라고 하니 엄청난 규모라고 할 수 있지. 공공조달 정책은 국내 경기에 큰 영향을 미칠 수 있어. 그래서 거의 매년 편성하는 추가경정예산(추경)과 예산 조기 집행 등의 정책이 경기 활성화에 기여한다고 할 수 있지.

　그런데 2년 동안 국가계약에 입찰할 수 없다고 하면 어떻게 될까? 기업은 상당한 피해를 입을 거야. 국가 조달에 의존도가 높은 기업의 경우 심하면 도산할 수도 있어.

국가계약법은 원칙적으로 자격을 갖춘 사람이라면 누구든 계약에 참여할 수 있도록 하고 있지만, 뒤에서 얘기할 지체상금과 더불어 계약 상대방의 이익을 제한하는 규정이 또 있는데, 이를 '부정당 업자 입찰참가 자격 제한 처분(이하 부정당 업자 제재)'이라고 해.

부정당 업자 제재는 계약 목적 달성을 위해 불성실하다거나 불공정한 행위를 한 자를 차단하기 위한 규정인데, 오늘은 부정당 업자 제재에 대해 알아볼게.

부정당 업자 제재는 국가계약법 제27조와 시행령 제76조, 시행규칙 제76조를 통해 해당 내용을 구체적으로 정하고 있어.

국가계약법에서 열거된 사항에 해당하는 행위를 한 자는 최소 1개월에서 최대 2년까지 국가계약에 참여할 수 없어. 특히 업체는 국방부와의 계약에서 부정당 업자 제재 처분을 받았다 할지라도 타 중앙관서 또는 지자체, 공공기관 등 국가에서 발주하는 모든 계약에 참여할 수 없어.

이것 때문에 부정당 업자 제재 처분이 무서운 거야.

구체적인 부정당 업자 제재 사유에 대해 알아보기 전에 제재 부과의 주체를 먼저 알고 있어야 해. 즉 누가 부정당 업자 제재 처분 결정을 하는지 알아야 해.

예를 들어 사단에서 체결한 계약에 문제가 있을 경우 사단의 재정참모(재무관)는 부정당 업자 제재 요청서를 작성하고 국방부로 건의해. 그럼 건의를 받은 국방부 계획예산관실에서는 심의를 통해 부정당 업자 제재 처분을 하지.

근데 국군재정관리단 중앙계약의 경우와 조달청 위탁계약의 경우에는 어떻게 해야 될까?

우선 국군재정관리단 중앙계약의 경우 계약 체결 과정에서 발생한 사유로 부정당 업자 제재 처분이 필요하다면 자체적으로 국방부로 건의할 거야. 즉 중앙계약을 의뢰한 사단급 부대에서는 할 일이 없지.

단 계약 체결은 정상적이었으나 계약 이행 과정에서 정당한 이유 없이 계약을 이행하지 않는다거나 다른 제재 사유가 발생한 경우에는 사단에서 재정관리단으로 부정당 업자 제재 건의를 해야 해. 계약 이행 간 발행한 사항은 재정관리단에서 알 수 없기 때문에 우리가 알려줘야 하는 거지. 통보를 받은 재정관리단은 중앙계약관으로서 국방부로 부정당 업자 제재를 건의할 거야.

그리고 조달청 위탁계약의 경우에도 마찬가지야. 앞서 얘기한 것처럼 나라장터는 계약 업체와 미리 계약을 체결해 놓으면 다른 중앙관서에서는 쇼핑몰을 통해 구매만 하는 체계야. 그렇기 때문에 계약에 문제가 발생했을 경우 조달청에서 후속 조치를 해.

그럼 구체적으로 어떤 경우가 발생했을 때 부정당 업자 제재를 할 수 있는 것이냐. 즉 제재 사유에는 어떤 것들이 있는지 알아보자.

구체적인 사항은 국가계약법에서 제재 사유를 나열하고 있는데 오늘은 우리가 실무를 하면서 제재 사유와 관련하여 애매한 것들에 대해 알아볼게.

첫 번째, 공개수의계약 시 1순위가 계약을 체결하지 않을 경우 부정당 업자 제재를 할 수 있을까?

우리는 대부분의 계약을 공개수의계약을 통해 추진해. 물품은 거의 대부분이고, 공사의 경우도 마찬가지야. 공개수의계약을 개찰하면 물품 및 공사를 불문하고 엄청난 수의 업체가 참여를 해. 통상 1순위 자와 바로 계약을 체결할 수도 있지만, 1순위 자가 계약을 포기하는 경우도 많아. 그러면 2·3·4순위 순으로 계약을 체결하겠다는 사람이 나올 때까지 의사를 물어봐야 하지. 이렇게 연락을 하다 보면 짜증도 나고, 계약을 포기한 업체 모두 부정당 업자 제재를 하고 싶을 거야.

하지만 부정당 업자 제재를 할 수 없어.

조달청 유권해석(161501, 2016.12.13)을 보면 "시행령 제30조 제2항에 따라 전자조달 시스템을 이용하여 견적서를 제출하는 자. 즉 시행령 제26조 제1항 제5호 가목에 의한 소액수의계약 시(공개수의계약) 최저 가격으로 견적서를 제출한 자는 경쟁 입찰에 있어서의 낙찰자와 달리 계약을 체결할 의무가 발생한다고 보기 어려워 당해 견적서를 제출한 자가 정당한 이유 없이 계약을 체결하지 않더라도 부정당 업자 제재를 할 수 없다고 보는 것이 타당하다."라고 기재되어 있어.

즉 견적서를 냈다고 하더라도 계약을 체결할 의무는 없다는 말이지.

이처럼 순위 자가 많은 공개수의계약에서 빨리 계약 상대자를 결정할 수 있는 방법을 알려줄게.

우선 개찰 결과를 출력해서 1순위부터 최소한 30순위까지 업체 팩스번호를 확인해. (팩스번호는 국방전자조달 업체 조회를 통해 확인이 가능해) 그리고 팩스를 보내는 거야.

"○○사업 공개수의계약에 대한 귀하의 계약 의사를 확인 중에 있습니다. 정확한 계약 조건과 내역을 다시 확인하시고 계약 체결 여부를 통보해 주시기 바랍니다. 만약 계약 의사가 없을 경우 차순위 자와 계약을 체결할 수도 있습니다."라고 기재하면 대부분의 업체는 계약 내역을 다시 확인할 거야.

이렇게 하는 이유는 대부분 업체는 투찰을 하면서 계약 내역을 확인하지 않고 낙찰부터 받고 보자는 식이기 때문이야. 30개의 업체는 내역을 다시 확인할 것이고 우리는 빠르게 계약 상대자를 결정할 수 있어.

그리고 공개수의계약의 경우 계약 미체결로 인한 부정당 업자 제재를 할 수 없는 것일 뿐, 계약 체결 후 계약 불이행은 제재 대상이라는 것은 알고 있어야 해.

두 번째, 국가계약법을 읽다 보면 계약의 해제와 해지라는 용어가 정확히 구분되지 않을 거야.

해제는 유효하게 성립된 계약을 계약 당사자 일방의 의사 표시로 처음부터 그 계약이 있지 않았던 상태로 복귀시키는 거야. 대표적으로 부정한 방법으로 계약을 체결한 사실을 나중에 확인했을 때 적용해.

해지는 계약의 효력이 현재까지는 유효하되 장래에 향하여 소멸시키는 일방의 의사 표시를 말하는데, 예를 들어 물품의 일부를 납품

부정당 업자 제재   171

하지 못한 경우에 해당해.

우리가 하는 부정당 업자 제재 건의는 대부분 계약의 해지에 해당해. 즉 계약을 중도에 포기하는 경우지.

세 번째, 우리 부대와 계약하기 전 다른 계약의 사유로 부정당 업자 제재 처분이 뒤늦게 확정된 경우 계약 업체에게 기성금 지급이 가능할까?

나도 예전에 같은 일이 있었는데, 내가 계약할 때는 부정당 업자가 아니었지만 계약 이행 도중 과거의 다른 계약 건 때문에 부정당 업자가 된 경우가 있었어. 잠시 당황했지만 금세 정확한 해석을 할 수 있었어.

잘 생각해 봐. 부정당 업자 제재의 정확한 용어는 '부정당 업자 입찰참가 자격 제한 처분'이야. 즉 입찰 참가를 제한하는 것일 뿐 정당하게 이행한 계약 대금을 지급하지 말라는 말이 아니야.

이 경우 업체가 받은 부정당 업자 제재는 나와의 계약이 원인이 아닌 다른 계약으로 인해 발생한 것이고, 나와의 계약은 그대로 유효한 것이기 때문에 기성금의 청구와 지급은 가능해.

단 선급의 경우 '정부입찰·계약 집행기준 제34조 제1항 제2호' "입찰참가 자격 제한을 받고 그 제한 기간 중에 있지 아니한 경우에 지급이 가능함"에 따라 부정당 업자 제재 기간 중이라면 선급 지급은 불가능해.

네 번째, 하자보수를 이행하지 않아도 부정당 업자 제재가 가능할까?

계약을 하면서 가장 괘씸한 부분은 잘못 시공된 부분에 대해 하자보수를 하지 않을 때야. 돈만 받으면 끝이라는 업체의 태도가 너무 얄미워.

업체가 하자보수를 하지 않는다면 대부분 하자보수 보증서를 발행한 곳에 연락해 하자보수를 요청하거나, 하자보수보증금을 사용해 다른 업체와 계약을 해야 하는데, 여러모로 우리의 일은 많아지지.

국가계약법 시행규칙 제76조 제1항 제2호 별표 2에 기재된 '부정당업자의 입찰참가자격 제한 기준'을 보면 "계약을 체결 또는 이행(하자보수 의무의 이행을 포함한다)하지 아니한 자"를 대상으로 6개월 동안 제재를 한다고 되어 있어.

업체에게 하자보수를 요청할 때 친절하고 상냥하게 법령을 알려드려.

"시행규칙 별표 2를 확인하시기 바랍니다."

더불어 시설물을 인수인계하고 대금이 나가기 전에 하자보수 소요가 발생했다면 계약 업체는 공사계약 일반 조건 제33조에 따라 전체 목적물을 인수한 날과 준공검사를 완료한 날 중에서 먼저 도래한 날부터 계약서에 정한 하자 담보 책임 기간에 대해 보수 책임이 있어. 즉 하자보수 보증금의 문제는 별개로 하고 하자보수는 반드시 업체가 이행해야 해.

다섯 번째, 적격심사 서류를 제출하지 않으면 곧바로 부정당 업자 제재를 해야 하나?

적격심사를 하다 보면 기한 내 서류를 제출하지 않는 업체가 있어. 심지어 아예 내지 않는 업체도 있지. 하지만 대부분의 경우 적격심사 서류 대신 '적격심사 포기서'를 제출하고 부정당 업자 제재를 하지 않아.

하지만 입찰 결과 단 2개의 업체만 참여를 했는데 1순위가 정당한 이유 없이 포기했다면 다시 생각해 봐야 해. 경쟁계약은 2인 이상의 유효한 입찰이 있으면 성립하는데 2명 중 1명이 고의로 적격심사를 포기한다면 담합으로 의심해 봐야 해.

담합은 시행규칙 별표 2에는 담합을 주도하거나 주도하여 낙찰을 받은 자의 경우 1~2년 동안 부정당 업자 제재를 하도록 되어 있어.

하지만 이 경우의 핵심은 실무적으로 담합을 했는지 확인이 어렵다는 거야. 당연히 "우린 서로 담합했습니다."라는 답변을 기대하긴 힘들겠지. 통상 서로 간의 이익 배분에 문제가 발생할 경우 담합 사실이 들통나.

이때는 재무관의 판단이 중요해. 정말 담합이 의심이 되고 2순위가 낙찰될 경우 계약금액의 차이가 크다면 적어도 국방부에 문의하는 방법도 고려해야 해.

마지막으로 부정당 업자 제재를 하려면 무조건 계약을 해지해야 하는가?

예를 들어 발주 관서의 승인 없이 불법 하도급을 하거나 발주 관서의 승인을 받았지만 하도급 조건을 변경한 자는 국가계약법 제27조 제1항 제3호에 따라 최대 6개월까지 부정당 업자 제재를 하도록 하고 있어.

하지만 계약이 80% 이상 진행된 상태에서 불법 하도급을 식별했다면 부정당 업자 제재를 위해 계약을 해지해야 하는지 고민이 될 거야. 계약을 해지한다면 우리로서도 상당한 피해가 있기 때문에 쉽지 결정하지 못하겠지. 계약을 해지하면 남은 20% 계약에 대해 새로운 업체를 선정해야 할 것이고, 예산도 이월되는 등 전체적으로 사업이 지연될 거야.

계약은 해지하기 싫고 부정당 업자 제재는 해야 하고… 혼란스러운 상황이지.

불법 하도급은 국가계약법 제27조에 따라 부정당 업자로 제재하는 것이 맞아.

하지만 계약 해지의 경우 국가계약법에 명시되어 있지 않아. 국가계약법 시행령 제75조의 계약의 해제와 해지는 지체상금이 계약보증금에 달한 경우 계약을 해지하라는 조건이지 불법 하도급을 했을 때 해지하라는 게 아냐.

계약 해지는 공사·물품·용역 계약 일반 조건에서 언급하고 있는데 대부분 "기타 계약 조건을 위반하고 그 위반으로 인하여 계약의 목적을 달성할 수 없다고 인정될 경우"라고 되어 있어.

여기의 핵심 용어는 '계약의 목적을 달성할 수 없다고 인정될 경우'인데 사례에서처럼 계약 이행이 정상적으로 이뤄지고 있고 계약 종료가 임박한 경우 계약 해지는 하지 않아도 돼.

즉 부정당 업자 제재와 계약 해지는 별개의 건으로 봐야 한다는 뜻이야.

그렇기 때문에 계약은 해지하지 않고 부정당 업자 제재만 가할 수 있어. 우리로서는 사업 목적도 달성하고, 업체의 불법에 대한 제재도 부과할 수 있는 것이지.

문제가 문제야
(지체상금과 계약 해지)

　우리는 문제가 생겼을 때 문제 자체만을 바라보고 빨리 해결하려 해. 아니 정확하게는 시간이 지나 자연스럽게 문제가 해결되길 바라지.

　하지만 이미 발생한 문제를 해결하는 것보다 그 문제가 발생할 수밖에 없는 원인을 먼저 찾는 게 중요해. 근본적인 원인이 해결되지 않은 채 봉합 수준의 문제 해결을 한다면 똑같은 사례는 언제든지 터질 수 있어.

　문제가 발생했다는 것은 우리가 시작한 첫 단추가 맞지 않았다는 것이고, 잘못 끼운 첫 단추는 마지막 두 개의 단추가 구멍을 찾지 못하게 할 수도 있어.

그렇기 때문에 처음부터 적극적이고 정확한 판단을 해야 해.

아마 오늘 얘기하고자 하는 지체상금은 계약업무를 하는 동안에는 계속 고민하게 될 문제일 거야. 지체상금이 발생하면 업체뿐만 아니라 공사감독관, 그리고 많은 부서와의 갈등을 시작되지. 누구 하나 책임지려 하지 않고, 잘못을 떠넘기기 바빠. 그만큼 자주 있는 일이기에 또 정확히 판단해야 해.

국가계약법은 계약 절차에 관한 사항을 주로 언급하지만 지체상금은 부정당 업자 제재와 더불어 몇 안 되는 제한 규정이야.

우선 지체상금이라는 것은 계약 상대방이 정당한 이유 없이 계약 상의 의무를 지체한 때 지체일 수에 율(%)을 곱해서 현금으로 받도록 하는 제도야.

그럼 지체상금률(%)은 얼마이고 지체 일수는 어떻게 판단하는지 그리고 정확한 계산 방식은 어떻게 구하는지 알아보자.

지체상금률은 국가계약법 시행규칙 제75조에서 규정하고 있어.

구 분	율(%)	비 고
공 사	1천분의 0.5	0.05%
물품 제조·구매	1천분의 0.75	0.075%
물품의 수리·가공·대여, 용역 및 기타	1천분의 1.25	0.125%
군용 음·식료품 제조·구매	1천분의 1.5	0.15%
운송·보관 및 양곡 가공	1천분의 2.5	0.25%

표에서 보는 것처럼 계약에 구분에 따라 지체상금률이 달라. 이유는 계약 이행의 긴급성에 따라 차이가 있다고 생각하면 되는데, 예를 들어 군용 음·식료품 제조·구매의 경우 병사들이 하루 3끼는 먹는데 조금이라도 납품이 늦으면 제때 식사를 못 하겠지? 그래서 일반 물품계약보다 높은 지체상금률을 설정하고 있어.

다음으로 지체일 수 계산은 어떻게 하는가.

국가계약법에는 명확한 지체일 수 기간 산정 방법을 명시하고 있지는 않지만, 아래 유권해석을 보면 계약 이행 기간의 다음 날부터 카운트하여 완료한 날까지 지체일 수에 해당한다는 걸 유추할 수 있어.

> **계약상 납품 기한이 말일이 공휴일인 경우 지체일 수의 기산일은 언제인지**
>
> (법제처 0-50073, 2005. 11. 22)
>
> 계약상의 납품 기한의 말일이 공휴일인 경우 국가계약 법령에 특별히 정하고 있지 않다면 납품 기한은 「민법 제161조」의 규정에 의하여 공휴일의 익일로 만료한다 할 것이므로, 지체일 수의 기산일은 공휴일의 익일로 만료하는 납품 기한의 다음 날이라고 할 것임.

더불어 이런 고민도 해볼 필요가 있어. 지체일 수가 아닌 지체 시간으로는 계산을 하면 안 되는 걸까?

아까 언급한 군용 식료품은 납품 시간이 정말 중요한데 이 경우에도 지체상금을 일 단위로 계산한다면 몇 시간 늦은 납품은 지체상금이 없을 거야. 하지만 식사를 제때 하지 못한 병사들의 손해는 막심하지.

  그래서 계약의 특성상 시간 단위 계약 이행이 반드시 필요하고 계약 이행의 시간 지체에 따라 손해가 명백한 경우, 특수 조건상 지체상금 부과 기준을 명확히 명시하여 부과할 수도 있어. 군용 식재료 계약을 실시하는 군수부대에서는 시간 단위 지체상금을 부과하기도 해.

  그럼 사례를 통해 정확한 지체상금 계산을 해보자.
  ○ 계약명: ○○부대 건축공사
  ○ 계약 기간: 2020. 7. 1 ~ 2021. 6. 30
  ○ 계약 금액: 10억 원

  첫 번째, 계약 업체는 준공검사 의뢰를 계약 기간 만료 하루 전인 2021. 6. 29일 신청했고, 준공검사관은 신청일로부터 14일 뒤인 7. 13일 준공검사를 했어. 준공검사 결과 시공이 부적절한 부분이 있어서 재시공을 요구했고, 업체가 7. 14일 재시공을 완료해 준공 처리를 했어.

일 자	내 용	비 고
6. 29	준공검사 의뢰	준공 기한 1일 전
6. 30	계약서에 기재된 준공 기한	
	:	
7. 13	준공검사(준공검사 결과 일부 재시공 지시)	준공검사 의뢰일로부터 14일
7. 14	재시공 완료	

두 번째, 계약 업체는 준공검사 의뢰를 계약 기간 하루 뒤인 2021. 7. 1일 신청했고, 준공검사관은 7. 15일 준공검사를 했어. 마찬가지로 재시공을 요구했고, 최종 7. 16일 준공 처리를 했어.

일 자	내 용	비 고
6. 30	계약서에 기재된 준공 기한	
7. 1	준공검사 의뢰	준공 기한 1일 초과
	. . .	
7. 15	준공검사(준공검사 결과 일부 재시공 지시)	준공검사 의뢰일로부터 14일
7. 16	재시공 완료	

각각의 지체상금은 얼마일까?

첫 번째는 50만 원(10억 원 × 0.05% × 1일)이고,

두 번째는 800만 원(10억 원 × 0.05% × 16일)이야.

두 번째의 경우 준공 기한보다 단 하루 늦었을 뿐인데, 실제 지체상금은 첫 번째 사례보다 15배나 많은 800만 원을 내야 해.

이 같은 결과의 근거는 공사계약 일반 조건에 명확하게 기재되어 있어.

공사계약 일반 조건 제25조 지체상금

⑥ 계약 담당 공무원은 제1항에 의한 지체일 수를 다음 각호에 따라 산정하여야 한다.

1. 준공 기한 내에 준공신고서를 제출한 때에는 준공검사에 소요된 기간은 지체일 수에 산입하지 아니한다. 다만, 준공 기한 이후에 의한 시정 조치를 한 때에는 시정 조치를 한 날부터 최종 준공검사에 합격한 날까지의 기간을 지체일 수에 산입한다.

2. 준공 기한을 경과하여 준공신고서를 제출한 때에는 준공 기한 익일부터 준공검사(시정 조치를 한 때에는 최종 준공검사)에 합격한 날까지의 기간을 지체일 수에 산입한다.

많은 계약 장교들이 지체일 수 산정 방법을 제대로 알지 못해 준공검사일로부터 재시공 완료일까지만 지체상금 처리를 하는 경우가 많아.

하지만 준공 기한 이후 준공 신청을 하면 준공검사 기간을 포함해 지체상금을 부과해야 해.

불합리하다고 생각되겠지만 이 조항의 취지는 업체로 하여금 계약 기한 내 준공을 유도하려는 목적이라 생각해.

다른 사례를 알아보자.

○ 계약명: ○○부대 가구 제조납품
○ 계약 기간: 2020. 7. 1 ~ 2021. 6. 30

○ 내역서

구 분	수량(개)	단가(원)	금액(원)	납품기한	실제 납품일
계	-	-	30,000,000	-	
캐비넷	100	200,000	20,000,000	'20. 12. 31	'21. 1. 10
회의 테이블	20	500,000	10,000,000	'21. 6. 31	'21. 7. 10

이번 사례는 품목별 납품 기한이 달라. 이 경우 지체상금은 얼마일까?

이 경우에는 품목별 납품 기한이 별도로 정해져 있기 때문에 각각 계산해야 해.

캐비닛의 경우 지체상금은 15만 원(2천만 원 × 0.075% × 5일) 이고,

회의 테이블의 경우 7만 5천 원(2천만 원 × 0.075% × 5일) 이야.

국가계약법 시행령 제74조 지체상금

② 기성 부분 또는 기납 부분에 대하여 검사를 거쳐 이를 인수한 경우(인수하지 아니하고 관리·사용하고 있는 경우를 포함한다. 이하 이 조에서 같다)에는 그 부분에 상당하는 금액을 계약금액에서 공제한 금액을 기준으로 지체상금을 계산하여야 한다. 이 경우 기성 부분 또는 기납 부분의 인수는 성질상 분할할 수 있는 공사·물품 또는 용역 등에 대한 완성 부분으로서 인수하는 것에 한한다.

지체상금은 총 계약금액에 대해 계산하는 게 아니라, 인수한 부분이 있다면 그 금액만큼은 계약금액에서 빼고 지체상금을 계산해야 해.

물품의 경우 그렇다 치더라도 공사의 경우도 마찬가지일까?

공사계약은 기성금을 지급해. 예를 들어 50% 시공으로 기성금을 지급했는데 최종 준공 처리는 10일이 지연되었어. 이때 지체상금은 계약금액에서 기지급한 기성금을 제외하고 계산해야 할까 아니면 계약금액 전체를 대상으로 지체상금을 계산해야 할까?

이 경우에는 기성금을 지급했다 하더라도 지체상금은 전체 계약금액을 대상으로 계산하는 게 맞아. 시행령 제74조에도 나와 있듯이 성질상 분할할 수 있는 공사에 대한 완성 부분으로서 인수하는 경우에 한해 지체상금 대상 금액에서 제외할 수 있기는 해. 하지만 이 말의 정확한 뜻은 기성 처리한 부분만을 가지고도 정상적인 사용이 가능해야 한다는 뜻이야.

예를 들어 마우스랑 키보드만 납품받았다고 해서 컴퓨터를 사용할 수 있는 게 아니잖아? 컴퓨터 본체랑 모니터 등 일체의 구성품이 모두 납품되어야 제대로 된 전산 작업을 할 수 있어. 건물도 뼈대만 만들어졌다고 해서 사용할 수 있는 게 아니야. 전기도 들어와야 하고 물도 나와야 제대로 건물의 기능을 할 수 있지. 그렇기 때문에 공사계약의 경우 지체상금을 계산할 때 총 계약금액에서 기성금을 제외하면 안 돼.

다음으로 지체상금과 계약보증금과의 관계를 알아보자.

시행령 제75조(계약의 해제·해지)를 보면 지체상금이 계약보증금에 달하는 경우 계약을 해제 또는 해지해야 한다고 되어 있어.

이 부분에서 많이들 착각하고 있는데, 기한 내 이행을 못 했기 때문에 지체상금을 받고, 계약을 해지했기 때문에 계약보증금도 회수해야 한다고 생각하지. 하지만 지체상금은 계약이 존속하고 있는 경우에만 부과할 수 있는 제재이고, 계약보증금은 계약을 해지(해제)했을 경우 국가에 귀속하는 거야.

예를 들어 10억 원짜리 계약을 함에 있어서 지체상금이 계약보증금 1억 원에 도달했다면 당연히 계약을 해지해야 하고, 계약보증금을 국고 귀속해야 할 거야.

하지만 업체는 계약을 유지하기 위해 계약보증서에 10%를 추가 배서했다면 계약은 존속되고 납품을 할 수 있어.

납품이 완료되면 지체상금 1억 원(+)은 대금 지급 시 공제되겠지만, 납품을 못 해 계약이 해지된다면 지체상금은 부과하지 않고 계약보증금 20%만 국고 귀속하는 거야.

이처럼 지체상금은 계약보증금을 회수함과 동시에 부과할 수 없다는 걸 알아둬.

마지막으로 지체상금이 가지는 추가 페널티에 대해 말해 볼게.

업체 입장에서는 지체상금이 발생하면 당연히 계약대금이 공제될 뿐만 아니라 다른 페널티도 발생하기 때문에 아주 중요해.

일반경쟁계약 시 낙찰자 결정을 적격심사를 통해 실시할 경우 '특별신인도'를 평가하는데, 이 '특별신인도'의 평가는 과거 계약 이행에 있어 지체상금 부과일 수 고려해. 총 배점에서 -0.5~1점까지 삭감할 수 있기 때문에 적격심사에서는 엄청난 영향을 주지. 낙찰의 당락을 좌우할 수 있는 점수야.

간혹 지체상금 조회 방법을 몰라서 '특별신인도' 평가를 생략해도 된다고 판단할 수 있는데, 대부분 문제없이 넘어가니까 상관하지 않지만, 사실 지체상금 평가를 상당히 중요해.

지체상금 평가가 제대로 이뤄지지 않으면 업체는 계약 기한을 대수롭지 않게 생각하고 기한 내 준공이나 납품을 제대로 하지 않을 것이고, 결국 이런 일이 반복되면 성실하고 우수한 업체만 손해를 보는 거야.

결국 나의 무관심이 다른 부대 계약에까지 영향을 미치지. 그래서 반드시 지체상금 평가를 해야 해(참고로 지체상금 조회는 국방통합재정정보시스템의 '계약' 탭에서 가능하니 활용해)

이렇듯 지체상금은 계약 업체로 하여금 엄청난 손해를 줄 수 있기 때문에 계약 장교는 계약 이행을 나 몰라라 하지 말고 꾸준히 관리해야 해.

그런 차원에서 나는 개인적으로 계약대장을 반드시 작성하고 활용해야 된다고 생각해.

우선 계약대장이 없으면, 계약대금을 지급할 때 어떤 예산으로 계약했는지 식별하기가 힘들어. 물론 계약이 일 년에 몇 건 안 되면 계약대장 없이도 충분히 가능하겠지만, 사단급 기준 1년에 400건 이상의 계약을 체결하기 때문에 반드시 계약대장이 있어야 해.

그리고 지체상금을 포함한 계약의 정상적인 진행을 확인할 수도 있어.

수시로 계약대장을 확인하면서 준공 기한이 임박한 공사에 대해 업체와 공사감독관에게 연락해 시공간 문제는 없는지 수정계약 소요는 없는지 확인할 수 있지.

대부분의 계약 업체는 준공 기한이 초과되면 지체상금이 차이가 많다는 것을 알고 있지만, 관리 차원에서 안내해 주는 게 좋아.

넋 놓고 있다가 갑자기 설계 변경이나 공기 연장 수정계약이 닥치면 당황할 수밖에 없어.

마지막으로 대금 집행 시기를 예측할 수 있어.

대부분의 계약은 준공 기한 또는 납품 기한이 연말까지인 경우가 많은데, 미리 예측한다면 스케줄을 수립해서 대금을 집행해 나갈 수 있어. 계획 없이 대금이 나가다 보면 서류 정리하고 업체 연락하느라 시간을 다 보내고, 어떤 계약 건이 남았는지 몰라 불안할 거야.

제3장

추가 자료

국가를 당사자로 하는 계약에 관한 법률

조항	내 용	조항	내 용
1	목적	19	물가 변동 등에 따른 계약금액 조정
2	적용 범위	20	회계연도 개시 전의 계약 체결
3	다른 법률과의 관계	21	계속비 및 장기계속계약
4	국제입찰에 의할 정부조달계약의 범위	22	단가계약
		23	개산계약
5	계약의 원칙	24	종합계약
5-2	청렴계약	25	공동계약
5-3	청렴계약 위반에 따른 계약의 해제·해지 등	26	지체상금
		27	부정당 업자의 입찰참가 자격 제한 등
6	계약사무의 위임·위탁	27-2	과징금
7	계약의 방법	27-3	과징금부과심의위원회
8	입찰 공고 등	27-4	하도금대급 직불조건부 입찰참가
9	입찰보증금	27-5	조세포탈 등을 한 자의 입찰 참가자격 제한
10	경쟁입찰에 있어서의 낙찰자 결정		
11	계약서의 작성 및 계약의 성립	28	이의신청
12	계약보증금	29	국제계약분쟁조정위원회
13	감독	30	계약절차의 중지
14	검사	31	심사·조정
15	대가의 지급	32	계약담당공무원의 교육
16	대가의 선납	33	계약실적보고서의 제출
17	공사계약의 담보 책임	34	계약에 관한 법령의 협의
18	하자보수보증금	35	벌칙 정용에서의 공무원 의제

국가를 당사자로 하는 계약에 관한 법률 시행령

조항	내 용	조항	내 용
1장 총칙		21	제한경쟁입찰에 의할 계약과 제한사항 등
1	목적		
2	정의	22	공사의 성질별·규모별 제한에 의한 입찰
3	다른 법령과의 관계		
4	계약의 원칙	23	지명경쟁입찰에 의할 계약
4-2	청렴계약의, 내용과 체결 절차	24	지명경쟁입찰 대상자의 지명
4-3	청렴계약을 위반한 계약의 계속 이행	25	유사물품의 복수경쟁
		26	수의계약에 의할 수 있는 경우
5	계약관의 대리와 분임 및 임명통지	27	재공고 입찰과 수의계약
6	계약담당공무원의 재정보증	28	낙찰자가 계약을 체결하지 아니할 때의 수의계약
2장 추정가격 및 예정가격			
7	추정가격의 산정	29	분할수의계약
7-2	예정가격의 비치	30	견적에 의한 가격결정 등
8	예정가격의 결정방법	31	계속 공사에 대한 수의계약 시의 계약금액
9	예정가격의 결정기준		
3장 계약의 방법		32	경쟁계약에 관한 규정의 준용
10	경쟁방법	**4장 입찰 및 낙찰자 결정**	
11	경쟁입찰의 성립	33	입찰공고
12	경쟁입찰의 참가자격	34	입찰참가의 통지
13	입찰참가자격 사전심사	35	입찰공고의 시기
14	공사의 입찰	36	입찰공고의 내용
14-2	공사의 현장 설명	37	입찰보증금
16	물품의 제조·구매 및 용역 등의 입찰	38	입찰보증금의 국고귀속
17	다량 물품의 입찰	39	입찰서의 제출·접수 및 입찰의 무효
18	2단계 경쟁 등의 입찰	40	개찰 및 낙찰 선언
19	부대입찰	41	세입이 되는 경쟁입찰에서의 낙찰자 결정
20	재입찰 및 재공고입찰		

조항	내 용	조항	내 용
	10장 보칙		
116	고유식별정보의 처리		
117	규제의 재검토		
118	부정당 업자의 입찰참가 제한 및 벌칙 적용에서의 공무원 의제		

국가를 당사자로 하는 계약에 관한 법률 시행규칙

조항	내 용
1장 총칙	
1	목적
2	정의
3	적용범위
2장 예정가격	
4	예정가격조서의 작성
5	거래실례가격 및 표준시장단가에 따른 예정가격의 결정
6	원가계산에 의한 예정가격의 결정
7	원가계산을 할 때 단위당 가격의 기준
8	원가계산에 의한 예정가격 결정 시의 일반관리 비율 및 이윤율
9	원가계산서의 작성 등
10	감정가격 등에 의한 예정가격의 결정
11	예정가격 결정 시의 세액 합산 등
12	희망수량경쟁입찰 시 예정가격의 결정
13	예정가격의 변경
3장 계약의 방법	
14	입찰참가 자격 요건의 증명
15	입찰참가 자격의 등록
16	입찰참가 자격에 관한 서류의 확인 등
17	입찰참가 자격의 부당한 제한 금지
18	입찰참가 자격요건 등록 등의 배제
19	희망수량경쟁입찰의 대상 범위
20	희망수량경쟁입찰의 입찰공고
21	2종 이상의 물품에 대한 희망 수량 경쟁입찰

조항	내 용
22	경매
23	계약이행의 성실도 평가 시 고려 요소
23-2	입찰참가 자격 사전심사 절차
23-3	2단계 경쟁 등의 입찰의 제외 대상
24	제한경쟁입찰의 대상
25	제한경쟁입찰의 제한기준
26	제한경쟁입찰 참가자격통지
27	지명경쟁입찰의 지명기준
29	지명경쟁계약의 보고서류 등
30	지명경쟁입찰 참가자격통지
32	재공고입찰 등의 의한 수의 계약 시 계약 상대자 결정
33	견적에 의한 가격결정 등
34	희망수량경쟁입찰과 수의계약
35	수의계약의 보고서류 등
36	수의계약 적용 사유에 대한 근거 서류
37	경쟁계약에 관한 규정의 준용
4장 입찰 및 낙찰절차	
39	입찰참가의 통지 등
40	입찰 참가 신청
41	입찰에 관한 서류의 작성
42	입찰 방법
43	입찰보증금의 납부
44	입찰 무효
45	입찰 무효의 이유 표시
46	특정 물품의 제조 또는 구매 시의 품질 등에 의한 낙찰자 결정

국방부 계약업무 처리 훈령

국가계약이란 무엇인가

- 선배가 알려주는 알기 쉬운 계약업무 -

2020년 10월 30일	1판	1쇄	인 쇄	
2020년 11월 5일	1판	1쇄	발 행	

지 은 이 : 정　　　해　　　화

펴 낸 이 : 박　　　정　　　태

펴 낸 곳 : **광　　문　　각**

10881
파주시 파주출판문화도시 광인사길 161
광문각 B/D 4층
등　　록 : 1991. 5. 31 제12 - 484호
전 화(代): 031-955-8787
팩　　스 : 031-955-3730
E - mail : kwangmk7@hanmail.net
홈페이지 : www.kwangmoonkag.co.kr

ISBN : 978-89-7093-403-7　　93360

값 : 15,000원

한국과학기술출판협회
Korean Science & Technology Publisher Association

저자와 협의하여 인지를 생략합니다.